华夏智库·新管理丛书

创见未来

移动互联网创业实战手册

唐誉泽○著

经济管理出版社
ECONOMY & MANAGEMENT PUBLISHING HOUSE

图书在版编目（CIP）数据

创见未来——移动互联网创业实战手册/唐誉泽著 . —北京：经济管理出版社，2016. 12
ISBN 978 - 7 - 5096 - 4766 - 0

Ⅰ . ①创… Ⅱ . ①唐… Ⅲ . ①网络营销—手册 Ⅳ . ①F713. 365. 2 - 62

中国版本图书馆 CIP 数据核字（2016）第 294629 号

组稿编辑：张　艳
责任编辑：赵喜勤
责任印制：黄章平
责任校对：张　青

出版发行：经济管理出版社
　　　　　（北京市海淀区北蜂窝 8 号中雅大厦 A 座 11 层　　100038）
网　　　址：www. E－mp. com. cn
电　　　话：(010) 51915602
印　　　刷：三河市延风印装有限公司
经　　　销：新华书店
开　　　本：720mm×1000mm/16
印　　　张：15. 5
字　　　数：205 千字
版　　　次：2017 年 2 月第 1 版　2017 年 2 月第 1 次印刷
书　　　号：ISBN 978 - 7 - 5096 - 4766 - 0
定　　　价：46. 00 元

前　言

时下"大众创业、万众创新"已经全面布局，从中央到地方，从企业操盘、众创空间启动到个人创业者的涌入，无不预示着微创业模式作为实现大众创业最合适的手段，正在神州大地掀起一场创业风暴。

然而，理想很丰满，现实却很骨感。传统创业模式的失败率达到了90%以上，甚至包括传统互联网创业模式也遇到了"滑铁卢"，烧钱、砸钱仍不见效，太多的新兴企业前几天还通过新闻发布会响彻宇内，过几天资金断链、遇险重重，最后销声匿迹，这就是残酷的现实。

究其根源，我们发现，大多数创业者之所以成为时代的"炮灰"，其中最根本的原因就是不懂学习。在这之中，有些人是从来不学习的，只顾一根筋地一头扎进去，以为只要努力了就可以成功，结果撞得头破血流；有些人知道学习，但学错了方向，只是走了过场，结果可想而知。

微商业的发展模式必将在未来的5~10年甚至更长时间内成为主流，更有可能完全转变成一种生活方式，只有能够读懂并能快速掌握时代密码的人才能赢！基于此，近五年来笔者陆续走访了国内最具影响力的创客空间、移动互联网、微商界的众多"大咖"和实战企业家，搜集和汇总了各行业企业家、精英，包括很多初创却成长迅速的企业以及微商业的领袖、自媒体达人、意见领袖、网红的心得和运营思维，并结合自身操盘成功项目的经验，以及辅导和培训上百家企业获得成功的系统化操盘运作、品牌传播、行销策划等经验。本书中的内容全部来自一线实战实操经验。

本书从起心动念到成稿，整整用了一年的时间，笔者希望大家能用超前的思维去看待创业，故名"创见未来"。本书通过融合一系列实战案例的分析，详细解答新时期作为一个微商、创客、企业创办人，应有哪些策略和方式去践行大众创业，如何借力移动互联网异军突起、逆境突围，以获得快速持续的发展。笔者在本书的每个部分，都对相应的案例进行了剖析，希望读者能够沉下心来，去好好地消化它。相信这里面的每个部分都能给读者带来更多的灵感和收获。同时，为了保障本书内容的及时性，笔者会在自己的官网（tangyuze.com）及对应的微信等平台持续更新更多资讯，以期给读者带来更大收益！

成功比的不是谁更聪明，也不是比谁更有钱，而是比谁能够在这条路上不断地学习、吸收，持续地践行、勇敢地攀登，只有这样才能到达成功的彼岸！笔者会在这里一直支持你！

唐誉泽

梧桐社创办人

微电商孵化首席导师

微创业实战运营权威

自序一

新型微商创业者如何定义

随着微博、微信、微电影、微淘、微视频、VR 等的出现，我们的生活在不知不觉中发生着改变，正悄然步入"微时代"。正是微时代的到来，使得经营者和消费者都发生了改变，经营者需要改变商业模式，消费者改变的是消费需求和消费习惯，他们的需求越来越精细化和多样化。这就需要我们重新定义一种商业模式，那就是创新型微商（这里指创新微型商业模式）。

我认为，所谓的创新型微商或微创业模式，就是用微小的成本进行创业或者在细微的领域进行创业，自主解决就业问题的创业模式。泛指通过利用微平台或者其他网络平台进行新项目开发的创业活动，也称微创业。该创业模式的特点是：投资微小、见效快、可批量复制或拓展、主要以网络为平台。

用微小成本创业的方式很早就已经出现在各个行业，但是受传统创业观念的影响，一直没有明确地提出"微创业"这一概念。直到近年来微博和微信越来越火，才出现"微创业"这一词汇，但早期由于局限于借助微博创业的狭窄领域而没有得到广泛推广和传播。随着微信使用人气的暴增，微信营销和创业顺理成章地成为一种颇具吸引力且能有效实施的创业营销方式。

在浩浩荡荡的创业大潮中，微创业使"就业难"的现实问题得到缓解，草根创业有望，人人都可创业成为主流，使得原本不敢想、不敢尝试，没有舞台的草根人士实现了创业梦想，走向自主创业，因此深受众多青年人追捧。据了解，目前已有许多大学毕业生、农民工、下岗工人、退伍军人、残疾人等通过这种"微创业"模式走向创业。

著名经济学家厉以宁曾对"微创业"做出这样的诠释：微型商业模式下的微型企业，是指包括业主本人在内，职工人数不到 20 人，创业者注册资本一般在 10 万元以下的企业。而在我看来，真正属于新型微创业模式的，仍然首推微商和微店。微店的发展，是由庞大的移动互联网用户自然推动的，它不是微信一个机构的事。事实上，微店颠覆了传统的中心化电商如淘宝、天猫、京东，它是个人化、去中心化的。也就是说，每一个微店都是一个独立的中心，消费者不需要先输入某个网站，打开某个统一界面再进入店里，而是直接与微店建立个人化连接。这看起来只是一个小小的区别，却形成了传统电商与移动电商最大的区别。微店代表了个人时代的来临，人们因为信赖某个人而购买他的产品，这个人就是一个品牌。这才是真正的微创业模式的开启。

过去是靠平台来提供品牌和交易行为的担保。今天，在微店里销售产品的，基本上都是朋友圈里的熟人，即使不那么熟悉，也可以通过微信社交平台便利地联络，很快把客户变成熟人、朋友甚至合作伙伴。所以，在移动电商领域，每个人都可能既是消费者，又是销售者，顾客与商家之间的买卖关系变得不再那么明确。可以这样讲，个人代理制将成为颠覆传统行业以及传统电商的最重要力量，个人品牌将取代产品品牌以及企业品牌，成为未来新的商业趋势。

可能有人会说，手机也能淘宝，也能逛京东，这不也属于微店的一种吗？其实不然，微店与依托中心化的淘宝、天猫还是有区别的，淘宝只有一个场景，那就是购物，不购物就不会进入，而微店和微商显然不是。

在移动互联网被赋予多重定义的时代，新型微商业模式和传统的商业模式最大的区别在于，不再是关于成本和规模的讨论，而是关于重新定义客户价值的讨论。新商业模式就是创造和传递客户价值及公司价值的系统。基于这一点，微信的使用和社交，使得场景非常丰富，可以是沟通聊天、交友聚会、约人吃饭、刷新闻看资讯、与朋友互动、无聊打发时间、发表个人观点、直播自己的生活等，也可以是工作管理、合作谈生意，这些场景几乎涵盖了生活的方方面面；所以，微店是嵌入在这些日常沟通场景之中的。它的强大之处在于：第一，在消费者还没有产生需求之前，先把需求拦截了；第二，通过创造新产品，激发新需求的产生，创造从来没有过的需求；第三，可以把任何人都转化成消费者。这也是微商和微店不同于淘宝、天猫并且有可能引领它们的趋势。

如此看来，把握好微信、微商和微店创造的丰富场景，积极利用客户的多样需求，开发潜力巨大的消费群体，才是一种新的创业模式，而这种模式必将成为未来的趋势！

自序二

决定移动互联网创业是否成功的五大要素

无论创业还是经营，不成功的人各有各不成功的因素，成功的人却有很多相似之处。微商创业虽然存在争议，但也迎来了爆发式的增长，2015 年，有微商赚得盆满钵溢，但颗粒无收的微商也不在少数，这两种极端的经营状态让我们心中充满迷茫。2016 年的微商新高潮之后，我们心中的忐忑感也随之涌现。同时我们也知道，微商迅猛发展态势不可小觑，有时候一夜之间，仿佛自己身边人人都是微商，做起了生意。零成本、零门槛、零风险的微商创业，这种从未有过的赚钱模式，彻底颠覆了几千年来的经商之道。

那么，如何才能让微商创业做成功，而不是被创业的浪潮吞没呢？需要正确把握几大要素。作为一个创业者，做事一定要积极，想事一定要谨慎。我们千万别高估了成功，低估了失败。也许事情并不是我们想象得那么美好，创业失败的人永远比成功的多。创业就像打仗，不打无准备之仗才是硬道理。在我看来，决定微创业成功的要素不外乎以下五种：

第一，做好定位。定位是微商系统化运营的第一核心，无论从事哪行哪业，对自己所做之事没有一个定位必然难以取得成功，对于微商的定位主要从四个方面展开：身份、货源、平台、工具。事前做好筹备、做好定位必然会有事半功倍的效果，而拥有一个流程化、系统化、简单化的操作流程也是做微商必不可少的。首要之事就是对货源定位，什么产品适合、利润点高、什么是市场刚需等都是必须考虑的。做好货源定位后就要依靠平台做推广，增加曝光量、吸引粉丝、增加客户。当然后续还要完善数据库、总结产品价值贡献度、寻找客户粉丝，通过交流沟通建立信任关系，利用多种方式方法引导对方购买产品，成交后更要做好售后维护，提高复购率。

第二，打造自己的个人品牌，让自己成为社交明星、自明星。微店的核心是社交关系，在移动互联网上，一个品牌、一个店或一件产品的营销能力，取决于销售这件产品的人是谁，他的影响力如何。在一个去中心化的微信社交圈里，每个人都有机会成为明星、网红或者达人，如果你懂得关心和帮助他人，并且愿意参与到别人的话题或生活讨论里，就能建立自己在另一个人"社交世界"里的存在感。当然，如果你还能对自己的个人形象进行提升，巧妙地展现个人能力，那就可以形成某方面的权威影响力，就能将自己的个人品牌融入到你的微店里。这个步骤是运营好微店的关键，也是微商与传统电商最大的不同。从某种意义上来说，你经营的不是一个店，而是你的个人品牌，微店只不过是你个人品牌的物化，当拥有了个人品牌，无论店里销售什么，都很容易获得成功。

第三，提高销售能力。销售的能力，是可以锻炼的，销售的技能也是可以习得的。为什么有很多人做微商轻松赚钱，有些人加班加点熬夜却一无所获？其实关键在于是否能够掌握销售方法。销售 = 价值 + 信任 + 品牌。微信营销100%成交的终极秘籍是：20%的时间建立关系 + 50%的时间了解和激发需求 + 20%的时间塑造产品满足需求 + 10%的时间促成成交。如何引流？如何吸引精准客源？这是每个微商从业者最为关心的问题。找对方式方法，引流其实很简单，本书会详细阐述关于如何引流、如何建立自己的鱼塘、找到属于自己的精准客户等问题。对于如何做好线上线下推广，宣传活动推广，线上的软文编写、互推，微博、QQ、微信群等这些屡试不爽的引流实用办法，也有详细介绍和指导。

第四，巧妙利用文案。好的微商，一定是好的文案，也一定是会讲品牌故事的人。如果你还在无计划、无章法地胡乱刷朋友圈的话，那将越刷粉丝越少。真正能提高客户黏性的是你推送的靠谱文案。所谓靠谱，就是有种、有料、有品、有情、有趣、有特色、有价值、有影响力！要做到发布内容生活化、语言表达形象化、行动指向唯一化、内容情景真实化、传递价值利他化、身份立场合一化。

第五，学会抱团取暖，借力使力。微创业，其实不微。单打独斗不能赢天下，"一个好汉三个帮"才能成为一个狼性团队。融资、众筹等模式说明，这是一个微创＋共创的时代。学会整合资源，资源才会为你所用。因此，对于如何整合资源、如何借力、如何众筹等，本书也做了详细探讨。

目　录

第一章
风向定位与突围

重点内容

- 未来趋势
- 市场需求
- 品牌定位
- 成功企业案例分析

◀ 未来趋势 ▶

一、与时俱进，打破商业困局

随着互联网时代的到来，企业面临巨大的转型压力，各行各业因受到互联网冲击而陷入了商业困局。压力来自行业的竞争，来自技术的进步，来自客户需求的转变，也来自政策的变化。当然，不仅是中国，当下全世界经济都在发生巨大的变化。

据普华永道会计师事务所在中国展开的长期激励专项调研后第三次发布的《2011 年中国企业长期激励调研报告》称，中国的中小企业平均寿命只有2.5 年，集团企业的平均寿命也只有 7～8 年。中国的企业大部分活不长，即使有些企业能够摆脱活不长的厄运，但也很难活得好，这就是中国企业令人堪忧的生存现状。不是谁都能在互联网的风口飞起来的，互联网就是一片汪洋大海，能独立生存或长久发展的企业，必将是弄潮儿，只有他们才能游刃有余地站在风口浪尖。

陷入困局的企业很多。往前看，先有瑞星被奇虎 360 取代，飞信被微信超越，再有手机龙头老大诺基亚消失得壮烈又无奈，不得不改换打法重新洗牌，而苹果却被乔布斯上演成"禅级"神话。这一系列的商业现象说明一个问题：商业的变革时代已经来临。活不长的企业太多，活不好的更是大有人在。还有很多昔日的大型传统企业更是每况愈下。

2015年万达百货遭遇寒流，一半门店处于亏损状态，更是在全国关闭了45家门店。同年8月，英国最大连锁零售商玛莎百货也关闭了在华的5家门店；与此同时，麦当劳也在全球关闭700家店，其中中国80家左右。还有一些大型制造业的工厂倒闭、老板跑路、大批工人下岗……这一系列的连锁反应促使每个企业都在思考：怎么才能活下去？怎么才能走一条创新之路？抑或怎样才能在互联网浪潮分得一杯羹呢？

随着经济环境的全球化、网络化、信息化、知识化与专业化，中国企业为了能够继续存活，打破商业困局，必须与时俱进。跟上互联网发展的脚步，积极应对全球化的竞争趋势，调整自己的商业模式才能不被互联网的浪潮吞没。

二、移动互联网发展趋势与行业变革

十年前，你不懂电脑，OUT了；如今，你不会利用移动互联网就OUT了。综观当下，上到耄耋老者，下到幼儿蒙童，哪一个不是活在互联网和移动互联网的时代？学校留作业都是靠互联网群发通知家长，医疗改革使得患者要靠互联网挂号就医，金融、教育、养老、旅游等各行各业，在互联网的东风吹拂下一部分变得欣欣向荣，也有很多陷入商业困局。

转型，成了当下最火热的概念。有句话说：传统企业，不转型等死，转型就转死。阿里巴巴在转型，京东也在金融、O2O到家和海外找突破口，聚美优品和当当网也在转型，社交和内容社区在转型电商。为增长转型，为盈利转型，如果你深入行业交流，就会发现没有哪家是可以安坐江山、四平八稳的。

企业转型有两种：第一种是被迫转型，即当问题集中到不能解决的时候，倒逼企业转型。这种转型成本是很大的，也是很痛苦的，但不手术必定死亡。第二种是预见式转型。这源于企业领导人的超强战略洞察能力，这种企业家是稀缺的。

海尔作为一家著名企业，虽然并非出身"豪门"，但经过 30 多年的打拼，如今已跻身国际知名品牌阵营。为充分满足全球消费者的个性化需求，海尔还创造性地建立了"全流程并联交互开放式创新生态体系"，充分与用户、供应商、全球一流资源进行交互。在这个体系的指导下，海尔搭建了用户、供应商及一流资源并联交互产生创意及解决方案的研发模式。首先，与用户深度交互，丰富产品设计创意，通过网络入口每天可吸引 100 多万名粉丝参与海尔产品的互动，平均每天产生有效创意 200 多项。其次，与供应商深度交互，寻找模块化解决方案。而最有特色的一点在于，海尔正在搭建 C2C 的用户平台，海尔的用户可以在此互相解决产品问题，高效的反馈将成为海尔区别于其他竞争对手的一大优势。

海尔树立了全球化经营的行业典范，锻造了世界品牌，吸引了全球粉丝。此外还有其他领域的代表，比如，阿里巴巴叩响了全球的贸易大门；中国银行在本土金融的基础上掺加了"洋范儿"；华为更是把手机推向了全世界，在华为总裁任正非看来，互联网、国际化仍然是以中国为中心，而全球化是以世界为中心，华为就是要成为全球化的企业。

这些企业都在转型。这是大势所趋，大环境变了，企业作为大环境下生存的个体，寻找积极的转型思路才是胜出的筹码。

互联网趋势还在上演着各种不同的套路。得益于科技的日益进步，生活在 21 世纪的我们已然日渐依赖网络。手机不离身，不管到哪里首先问 Wi－Fi 密码，似乎已经成了大部分人根深蒂固的日常习惯了。人们会通过微信、QQ

等众多社交软件与朋友进行交流，通过下载各类 APP 学习和游戏以及生活出行。除此之外，喜欢看新闻的人也会通过手机了解最新的信息。而这一切都是以移动互联网为支撑的。在信息化快速发展的今天，移动互联网的迅猛普及与发展已经是有目共睹的。

全球范围内使用互联网的地方也相当之多。比如，教师在为上课精心准备课件的时候需要互联网的帮忙；餐厅送外卖需要互联网下单和派送；医院通过互联网统计挂号数量，提前安排出诊医生；各大企业的工作安排离不开互联网的帮忙；游戏世界的交流更是无法离开移动互联网。

有的人可能这样说，即使没有移动互联网也没有什么影响。真的如此吗？大家仔细想想不难发现，现在是一个信息化十分发达的时期，互联网的出现和运用已成为不可超越的时代潮流，特别是从 3G 跨入 4G 又迎来 5G 的时代。因此，不管是对个人还是对公司、企业而言，移动互联网的发展都是不可忽视的主流和趋势。

如此发达的移动互联网时代，为何还有那么多濒死的企业呢？原因就在于很多传统观念和思维还跟不上快速发展的互联网时代。

在工业时代形成的商业模式确实能够给企业带来创造性的价值，使企业保持旺盛的生命力。但是，时代在变化，当原有的商业模式不再适应时代发展时，原来很好的商业模式也会成为企业的桎梏。

有位企业家曾经说："改造商业模式，是我这辈子都想做但总不敢做的事情。"这就是中国企业衰退的根源，因为中国的许多企业都是从改革开放时期发展起来的，企业家大多白手起家，都是穷苦出身，耗费了半辈子的精力才打下这一席江山。所以，很多企业家不但不敢改变商业模式，更不敢放权和尝试。即使面对互联网和移动互联网给出的 N 多机遇和挑战，也只是跟风，而很少去创新。这就使企业形成了积重难返的弊病，对互联网时代的变化表现出种种不适应。

发展到今天，很多中小企业借助互联网悄然无息地就逆袭了，而传统企业面对互联网的挑战心情格外复杂，对"互联网思维"还未彻底搞懂，又冒出了"互联网＋"，转型心切却又难免焦虑和困惑。

未来，属于那些传统产业中懂互联网的人，而不是那些懂互联网但不懂传统产业的人。

三、互联网趋势下的创业环境分析

由于网络的盛行，互联网思维也正影响着每个人。在这个全民互联网时代，越来越多的人更倾向于加入互联网创业大军。互联网趋势下的创业环境究竟如何呢？

由于互联网独特的技术特点与互联网企业的特殊经营模式等，使得互联网创业与传统行业创业大有不同：

一是互联网创业与最新科技联系紧密，创新性要求高。创业者只有通过树立创新意识，培养新的思维，生产创新产品去打动消费者，才能享受高收益和高回报，才能在竞争激烈的市场中获得一席之地。互联网创业创新是用户导向的，不是生产导向的。因此，互联网创业要发掘消费者需求，以此重组核心技术。

二是互联网创业主体多元化。随着社交网络扁平化，知识和技术的传播更加迅速，创业主体逐渐多元化——由技术精英逐步拓展到"草根"大众。互联网新经济正在进入"人人互联网、物物互联网、业业互联网"的新阶段。

三是互联网创业成本低。创业者只要有创新性的项目就可以通过互联网去寻找人才、资金等，通过组建专业化的团队大幅降低创业的成本。互联网缩短了创业者和用户的距离，也加快了创新的步伐。

四是互联网创业产业衍生性强。"互联网+"时代的创业产业链长，衍生性强，与传统产业有广阔的合作空间。"互联网+"创业可为产业升级提供技术上的支持和思维上的革新。

五是互联网创业与多样化的商业模式相联系。通过网络，创业者的奇思妙想可以和消费者、用户进行直接的接触，满足用户的体验。

六是互联网创业环境相对透明公平，以能力为导向，行业竞争更加良性。互联网赋予每个人获取信息、交流沟通、表达言论、平等交易的能力和机会。这种普惠的赋能功能，极大地助推了普通大众的创业精神和创新精神，突出了市场的决定性作用。

大多数快速崛起的互联网创业企业，其成功都是有迹可循的：首先，洞察市场契机，抓住用户痛点；其次，很好地解决用户痛点；最后，快速验证，迅速复制，快速发展。

比如滴滴出行，抓住了用户出门难的痛点——开车停车难，不开车打车难。运用手机软件打车，充分利用社会空余车辆，滴滴很好地解决了用户出门打车难问题，一经推出，就广受用户欢迎。滴滴随即趁热打铁，将业务推向多城市，并进一步分析需求，推出专车、快车、顺风车等，迅速占领市场。

"今天可以说是最好的时代，创业的门槛不断降低，互联网创业在工具上有很多开源的软件以及资金上的支持。而移动的机会更是打开了一个更巨大的互联网用户群体，让整个行业蓬勃发展。"腾讯公司副总裁、社交网络事业群总裁汤道生如是说。

中国正走向消费型社会，在这个过程中，将会催生出很多消费领域的新机会，加上"互联网＋"大潮的影响，使得具有敏锐眼光和创新能力的企业家在这样的时代如鱼得水！

虽然，互联网创业的"低门槛"似乎已经成为共识，但从另一方面看，低门槛的背后是不足 10% 的创业成功率。而低成功率的背后，往往是天马行空的想法多，而能落到实处的凤毛麟角。有人指出，其原因就在于不少创业者对传统行业了解得不够彻底，做出的很多设想不切实际。

当下，随着国家政策的大力支持，年轻人进行互联网创业越来越容易，创业的速度也越来越快。但在追求"天下武功，唯快不破"的同时，似乎也应当脚踏实地地向传统行业学习经验。毕竟，大风吹过之后，一切总会落地，出落成凤凰的毕竟是少数，如若不慎，恐怕落下的将是一地鸡毛。

四、政府出台政策支持创业热潮

互联网创业热潮引来了地方政府的关注，全国各地纷纷出台政策，北京、上海、贵阳、深圳、广州、南京、武汉、青岛、成都、浙江等地均已出台或者拟出台相应政策。在这里引用"猿团网"2016 年 1 月 17 日《各地方互联网创业扶持政策一览》的记载分析：

第一，一线城市和地级市政策对比。对上海市、南京市、贵阳市、深圳市四个直辖市、地级市，分别从对互联网金融企业的支持和对载（产业园、孵化器、孵化园）支持两个方面进行分析。

一是对互联网企业的支持：

上海市：设立战略性新兴产业发展专项资金、服务业发展引导资金、高新技术成果转化专项资金等财政资金予以重点支持，并支持进行软件企业、高新技术企业、技术先进型服务企业等方面的认定。

贵阳市：根据实收资本，给予 50 万~500 万元的奖励；市、区（市、县）两级政府每年按照企业当年入库营业税及企业所得税地方留成部分的 50%，给予连续三年的奖励扶持资金；设置"贵阳市互联网金融创新奖"。

深圳市：企业所得税年度达到 500 万元以上（含）后，参照深府〔2009〕6 号银行类金融机构一级分支机构待遇享受相关政策，即一次性奖励 200 万元；可申报互联网产业发展专项资金及金融创新奖。

南京市：对经领导小组认定的重点项目，每家给予不超过 50 万元的资金补贴；对经领导小组认定的重点示范企业，每家给予不超过 100 万元的资金补贴；实行"一企一策"。

二是对载（产业园、孵化器、孵化园）的支持：

上海市：对有特色的互联网金融产业基地制定有针对性的政策措施，对优秀互联网金融产业基地（园区），市、区县两级政府可给予一定支持。

贵阳市：给予最高不超过每年 30 万元的房租补贴和业务经费补贴，连续支持不超过两年。

深圳市：符合条件的互联网金融产业园区，可申报科技型企业孵化器项目资助。

南京市：对经领导小组认定的互联网金融示范区一次性给予 100 万元的资金补贴；对经领导小组认定的互联网金融孵化器一次性给予 50 万元的资金补贴。

第二，市辖区政策对比。对天津开发区、北京海淀区、北京石景山区、上海长宁区四个市辖区政策，分别从投入资金额度、落户奖励、办公用房补贴、财政贡献补贴、小微服务奖励五个方面进行对比分析。

一是投入资金额度：

天津开发区：设立额度为 1 亿元的互联网金融产业发展专项资金。

北京海淀区：发起设立互联网金融产业投资引导基金，纳入现有 5 亿元海淀区创业投资引导基金统一管理。

北京石景山区：设立每年 1 亿元互联网金融产业发展专项资金奖励。

上海长宁区：设立专项投资基金，基金一期规模为 2.5 亿元；设立长宁区创建"国家信息消费示范城区"专项资金，每年安排 5000 万元。

二是落户奖励：

天津开发区：根据注册资金以及对开发区的实际财政贡献，给予不超过 200 万元的运营扶持。

北京石景山区：经认定符合条件的互联网金融企业可享受一次性开办补贴 100 万元。

上海长宁区：对认定的总部型互联网金融企业，按照长宁区发展总部经济的有关政策予以支持。

三是办公用房补贴：

天津开发区：对在产业基地购买办公用房，给予 1000 元/平方米（最高 1000 万元）的资金扶持；租赁办公用房，三年内给予最高 30 元/平方米/月的租金扶持。新购建的自用办公房产所缴纳的契税给予 100% 的扶持，房产税给予三年 100% 的扶持。

北京海淀区：参照金融机构享受《海淀区促进科技金融创新发展支持办法》（海行规发〔2012〕7 号）相关的购房补贴和三年租房价格补贴。入驻海淀区科技金融重点楼宇的互联网金融企业，给予三年的房租价格补贴，第一年补贴 50%，第二年补贴 50%，第三年补贴 30%。

北京石景山区：购买自用办公用房从事互联网金融业务的，经认定后可以享受购房补贴，补贴标准不低于 1000 元/平方米；租赁自用办公用房从事互联网金融业务的，经认定可以享受三年租金补贴，第一年补贴 50%，第二年补贴 30%，第三年补贴 20%。

上海长宁区：以上海虹桥临空经济园区为核心建设互联网金融产业园和基地，给予经认定后的入驻企业三年的房租价格补贴，每年按租金的一定比例给予补贴，每家入驻企业的三年租金补贴累计不超过一定总额。为入驻企业免费提供三年的公共会议及论坛场所。

四是财政贡献补贴：

天津开发区：对于互联网金融企业上缴的营业税和企业所得税开发区留成部分，自开业年度起两年内，给予其 100% 的金融创新奖励，之后三年给予 50% 的奖励。

北京海淀区：根据对海淀互联网金融产业发展的带动作用、区域贡献情况等给予一定的资金奖励，额度不超过其自注册或迁入年度起三年内区级财政贡献的 50%。

北京石景山区：三年内每年按其对区财政贡献额的 50% 提供金融创新资金支持。

五是小微服务奖励：

北京海淀区：通过互联网金融模式开展中小微企业融资业务的机构，根据其业务量规模给予其风险补贴和业务增量补贴，补贴上限 400 万元。

北京石景山区：金融机构通过互联网模式切实降低中小微企业融资成本的，按相应额度给予一定补贴。

上海长宁区：对互联网金融企业切实降低中小微企业融资成本的，按照长宁区科技金融相关政策予以支持。

　　媒体曾发布的一份大数据报告显示，面对近两年严峻的就业形势，更多的人选择自主创业。这与政府正在积极倡导的大众创业目标相契合。但是，选择一条什么样的创业道路，却是需要认真考量的。

　　同时，国家也在积极通过财政补贴等形式鼓励建设互联网人才培训基地，为互联网创业者提供全方位的培训和辅导，全面提高创业者素质。另外，积极探索建立需求导向的学科专业结构和创业就业导向的人才培养类型结构调整新机制，促进人才培养与经济社会发展、创业就业需求紧密对接。把创业教育作为大学生和研究生教育的一个重要环节，注重培养创新创业意识。

　　互联网创业已成趋势，在这个过程中，也需要通过大力发展并支持创新市场，努力营造并保护创新创业的良好生态，让互联网创业企业走得更远。

◄ 市场需求 ►

一、诉求：把握用户需求点

把握用户需求点强调的是：给予用户快乐才能创造生意；解决用户痛苦才能缔造事业。

创业做生意，办企业盈利谋发展，都源于两个字：需求。需求是创造一切财富的力量。有需求才会有买卖，有买卖才会有生意，有生意才会有盈利。这是一套良性的循环，而其根源在于"需求"。

所谓把握用户需求，就是要创业者在产品和服务推向市场之前，就能确认顾客会不会买账。为了解决这个问题，需要先回答另一个问题：为什么客户会买账？这里有两个最基础的答案，人们通常把钱花在两件事上：把钱花在对抗痛苦上和把钱花在追求享乐上。

一个人或者一个企业在进行每一次消费的过程中，无论在意识还是潜意识中，都受到两个因素的控制，那就是追求快乐的欲望和逃离痛苦的动力。我们归纳为追求快乐和逃离痛苦。

一个人产生购买冲动因素只有两个最关键，即追求快乐与逃离痛苦，其中痛苦的影响力要比快乐的影响力至少大 3 万倍以上。头脑在对这些快乐或痛苦的程度做比较判断时，通常会比较倾向于逃离痛苦。也就是说，若有痛苦产生，则认为逃离痛苦的优先级最高。这也是销售切入的关键点。

这就告诉创业者一个颠扑不破的真理：给予快乐创造生意，解决痛苦缔造事业。

将痛苦和快乐按这样的次序摆在一起是有原因的。所有事都是平等的，当一个痛苦或问题越是深刻沉重，你就越有可能找到一个对抗它的办法。而产品越能对抗这个痛苦，顾客就会越快地购买。

如果你有一个新的创业想法，想验证这一想法是否抓住了顾客真正的痛点，这里有一个简单的方法，问自己：你是否可以用寥寥几句就能描述清楚这一想法？你的公司所解决的痛点是什么？为什么别人需要在意这件事？同时，你是否可以用这个简单的解释让你的一位潜在顾客买你的账？

如果这些都可以的话，那么恭喜你，你已经比大部分创业者领先了。那些需要大段文字才能描述市场或说服潜在客户的创新者和创业者，他们并没有将他们的业务充分提炼出来。

海尔公司最著名的案例就是当海尔人发现很多农村顾客的海尔洗衣机常常出毛病，其主要原因是不少农民用洗衣机来洗土豆，而土豆上的泥沙经常损坏洗衣机。如果是一般的企业，就会特别声明，农民家里洗衣机的损坏与本公司无关，是农民使用不当造成。但海尔公司不是这样做的，他们从农民兄弟的实际需要出发，认为农民在洗土豆上存在需求和痛点，专门设计了一种洗土豆也不易损坏的洗衣机，甚至后来还设计了洗土豆机来满足农村顾客的需要。正是这种想顾客所想，把替顾客排忧解难放在首位的企业文化使海尔迅速占领了广大的农村市场，赚到了大钱。事情还远不止如此，由于海尔洗衣机在广大农村赢得了农民顾客的心，随后海尔电冰箱、海尔电视机等家电产品都在农村十分畅销。

所以，找到用户的痛点后，创业者所需要做的就是专注。用最极致、最低成本的方法帮助用户解决问题。有时抓住一个点，就可以让您的产品具有爆发性。

有了以上认识，还要把握当下的创业趋势，也就是移动互联网时代的用户需求。

未来移动互联网市场及其需求会发生什么样的变化？我们的市场到底有多大？

中国的移动互联网用户已经在 2016 年达到将近 10 亿。越来越多的互联网用户开始上移动互联网，甚至可能还有一些不上互联网的用户也开始上移动互联网，所以它的成长率是非常惊人的。那么在移动互联网市场能不能赚钱？

一个苹果手机，已经有十万以上个应用，下载一个游戏也好，天气预报软件也好，租车软件也好，各种不同的 APP、软件等，会有不同的收费渠道，这些渠道已经给苹果公司带来了上百亿美元的盈润。不仅苹果手机生产经销商赚了，做游戏的赚了，做平台的赚了，互联网广告赚了，做自媒体移动互联网广告的也赚了。所以，移动互联网市场是巨大的。

你手里拿着的手机，就是一个可以连接浩瀚世界的工具。它能够帮助我们享受更便捷的生活。比如：我们可以想象未来有一个语音助手，我跟我的手机说附近什么餐馆最好吃，或者我要买一束鲜花，它就可以帮我达到目的。

我们在商店里看到了一个很好的产品，比如说一个相机，你用自己的手机，对这个相机进行拍照，然后上传到互联网做一个比较，看看网上有没有人卖这款相机，卖得更便宜，没有的话你就买了，有的话你就在网上订购。

我们刷存在感，我们分享旅游攻略、美食地图、晒育儿经等，所有这些都是一个业界的趋势。这个趋势带来的就是，一个联网智能手机，可以看到从我们的 Featurephone 到 Smartphone，再到 Internetphone，在这三个时代它有更多的功能，比如在线音乐、应用商店、同步的功能等。所以手机慢慢地会变得像 PC 一样强大，这让我们感到非常振奋。移动互联网的日趋强大，就是市场需求推动的结果，市场有需求移动互联网就会有发展，人们的思维就会更超前，这也使得很多人想在移动互联时代创一方自己的天地。

要想在互联网时代实现创业盈利，首先要对互联网有一个正确的认知。移动互联网不仅是一个热门的话题，还是一个必须要接受的话题。因为互联网，尤其是移动互联网方便度太高了，它可以让每一个人很方便地跟全世界联系在一起，信息的效率大大提高，所以它对各行各业带来的变化无可争辩，肯定是颠覆式的。移动互联网是个好工具，所起的作用涉及多个方面，它是传播工具、沟通工具，也是连接工具，不但能提高效率，还能降低成本。其次，移动互联网是新的模式。改变了运营流程、生产流程、营销方式等。最后，移动互联网是个新世界。它改变了生活方式，改变了生存习惯，改造了商业模式，创新了人们的价值观。

认识了移动互联网的这些特性，在移动互联网时代创业，还要做的就是研究用户的需求。只有掌握用户的需求，才可能开发出用户喜欢的产品；只有开发出更多让用户接受的产品，才能推动移动互联网产业的发展。那么，移动互联网市场中的用户特点是什么呢？

一是以年轻人为主导。目前我国移动互联网用户以 15～45 岁的年轻人为主，手机上网尤其是手机 SNS 的用户以学生和"白领"人群为主。这类人群与外界交流的愿望很强烈，乐于尝试和接受新事物和新的生活方式。与传统互联网的发展模式不一样，移动互联网用户的发展是从"草根"阶层开始的，是由下而上的发展。未来几年，中低端用户会比较多地使用手机上网，并且他们使用手机上网的时间比较长、频率比较高，上网的目的基本都是娱乐和交流，如移动社交软件、移动虚拟社区业务、移动视频业务将是这类人群喜欢的业务。

二是对互联网依赖程度高。移动互联网的高端用户因为工作需要，对互联网具有强烈的依赖性。他们需要随时看到重要邮件内容和公司通知，有时需要通过移动互联网办公甚至是开会。移动支付、移动邮箱、移动搜索、移动电子商务等业务将是针对此类用户的重要应用。

三是社区化趋势明显。互联网在 Web2.0 时代发展最迅速的业务就是虚拟社区。虚拟社区的类型多种多样，不同类型的社区聚集了不同偏好的大批忠诚用户。传统互联网社区业务移植到移动通信网之后，人们可以在有线与无线虚拟社区间无缝切换，利用移动互联网随时、随身、随地的特性来获得更好的社区体验。因此，移动虚拟社区将是移动互联网最具商业应用前景的业务之一。

四是多利用零散时间。用户使用移动互联网业务主要是在外出旅行、等候及在外的休闲娱乐时间，这些都是人们比较放松和空闲的时间。80% 以上的消费行为发生在这些零散的时间里。

市场有需求，客户有需求，创业依然不能盲目。创业不能跟风，也不能赶时髦，而是应该充分利用自己的优势，将其与市场的需求结合起来，走出"人无我有，人有我特，人有我精，人有我专"的个性化道路。

大部分人把创业目光主要锁定在海淘、O2O、自媒体等新兴的互联网创业项目。作为跟随互联网发展而成长起来的新一代年轻人，他们更钟情于尝试由互联网催生的一些新型职业，包括一些互联网新兴职业，如网络主播、网红、声优等。

值得注意的是，"互联网＋"确实已经成为很多行业转型的重要推手，它改变或者创造了商业消费模式，但是，不管什么样的市场模式，都不能改变依托货币购买商品和服务这个基本规则，因此这就产生了一个市场需求问题。当很多人挤在"华山一条道"上时，互联网这个载体究竟能够为创业者带来多少需求，成为创业者们难以回避的一个问题。

在实体行业，新兴的创业者如果没有独特的"看家本领"，再挤进去根本不可能开创出新的天地。互联网的创业路同样需要对市场需求有准确的把握，否则，在实体行业创业失败的悲剧很容易在互联网创业的市场上重演。

正如康盛公司总裁陈亮说的那样："大家表面上都非常重视移动互联网，移动互联网是未来，但实际上没有人采取实际行动，也没有人具体分析市场需求，没有人切实采取措施，都是做了一些尝试。比如说推出了一个APP挂了几天，发现效果不好，也就不管了，移动互联网将来再说吧。有了微信公众账号又要推广微信的公众账号，几天后又放弃了，这也许是很多站长现在正在犯的错误。我们口头上说很重视，但实际上没有重视也没有行动，最后的结果是没有结果。"

创业的梦想是快乐的，但真正实施起来是痛苦的。只有充分分析了市场需求，有效管理和实施创业的计划和目标，才能稳定走下去。否则，创业的口号喊得再响亮，没有实际行动的支撑也只是纸上谈兵。

二、互联网红利点：内容创作

所谓互联网的红利点，说得直白一些，就是靠什么赚钱。从商业模式的设计上来讲，就是靠什么得到利润。比如，亚马逊靠整合出版社和其他企业过剩的库存，来满足人们在购买图书和类似商品时对品类丰富度和价格低廉性的看似矛盾的双重需求来赚利润；谷歌借助过剩的网络开发者资源——站长和独立开发者来满足人们对各种个性化信息的查询和快速获取知识的需求赚利润；优步借助闲置的私家车资源满足人们对出行工具的个性需求；苹果借助设计和研发来整合发展中国家廉价的工业制造能力来满足人们对科技产品消费需求；阿里和京东，通过整合中国大量闲置过剩的工业、农业生产能力来满足"80后"、"90后"消费者们个性化的购物需求；豆瓣通过整合文艺爱好者们过剩的分享能力来丰富或者简化人们选择文化艺术消费品的过程……

从社区到社交，从团购到O2O，从大平台电商到垂直电商，从工具APP到内容APP等，流量红利是所有互联网风口背后的核心。在PC时代，企业运营的流量严重依赖百度等搜索引擎入口；而在移动互联网时代，用户的分布呈现多元化。但总体来说，流量巨头们对用户的瓜分是碾压式的，企业靠人口红利和流量红利取得"互联网＋"发展的路子，开始越来越难走了。

一个好消息是，流量环境对于所有的非互联网企业都是公平的。随着流量的二次分发已成现实，人群圈层化和IP分散化的形成，用户触达内容的成本降低，流量势能随着内容流动并完成变现成为一种趋势。占领了我们近1/2手机时长的流量平台（微信），其根本性质是依赖内容运营的自媒体平台。这就使得产品和运营出色、留存率好的公司在这个环境里更容易凸显出来。

微信的出现，不仅改变了大家的社交形态，同时也改变了人们获得新闻信息的方式。这种变化催生出了"微信公众号"这一产品，而它也成了最大的自媒体创业平台，在超过7亿人的微信用户中，有超过80%的用户至少订阅了一个公众号。在平台上接触到海量用户，才使得公众号具备流量变现的能力。而对于平台来说，这些内容又成了吸引和黏住用户的重要砝码，因此，内容的价值也得到了新的发挥。于是我们看到几大门户网站、今日头条、百度等平台都纷纷推出了自己的自媒体扶持计划，希望借此吸引到优秀的内容创作者。

内容与平台的关系在"直播"这件事上变得更为紧密，映客在不到一年时间内成了估值30亿元的公司，而许多主播又通过在映客上直播成了网红，并获得了可观的收入。

今天，用户的选择太多了，千篇一律的广告强推很容易带来审美疲劳，没有独特的内容，就只能靠价格、补贴这些手段饮鸩止渴。只有把资金和资源用在打造优质且独特的内容（媒体型产品）或供应链（交易型产品）上，才是长期获客留存的优选办法。

三、选品、品类建议参考

移动互联网到底是不是创业者的机会？答案是肯定的，它能够给创业者提供成为千万富翁的机会，但同样也能让人短时间内倾家荡产。成功者永远是极少数，失败者才是大多数，如果你只想着五年以后通过移动互联网能够赚多少钱，而不考虑这两年是否能够生存下去，那么失败就是必然。创业之前最好先分析清楚自己目前的形势，预先考虑好如何赚出早期生存的资金，只有活下来了才有机会。目前的移动互联网确实非常像十年前的中国互联网，不要忘记十年前建立的网站活到现在的有多少。

人们往往有这样一种认识，认为创业也好，经营也好，打广告越好，一定是大品牌更有优势。认为大品牌可以完胜小品牌，大品牌才是高品质的代言人，小品牌虽然遍地开花，但太过一般。其实，这是一种误解。诺基亚大不大？死掉了。小米很小，却赚得盆满钵溢。运动品牌李宁大不大？苟延残喘。茵曼、初语、韩都衣舍等小服装品牌却在互联网上做得风生水起。

如果说天下大事是合久必分，分久必合的话，那么人类需求的发展则是细化再细化。小而美、小而精的品牌更具有发展机会。也许有人会说，无论是大企业还是中小企业都越来越多，随着国家政策的号召，大批大学生涌入自主创业的大军中，商机早就被开发殆尽，因而企业想要做好很难。大企业大品牌都举步维艰，何况小品牌呢？事实果真如此吗？

曾有美国的知名学者来中国考察长达半年之久，他对于国内市场的结论很是惊人：这个拥有全球 1/15 陆地面积的国度，有着在任何一个发达国家都寻找不到的无限商机。再加上中国大部分的消费人口都在城市，有 7 亿之多的农民市场尚未充分开发。随着移动互联网的普及和推广，这个庞大的农民市场正在被一步步开发出来。这里藏着巨大的商机。所以，在信息共享与快速传播的移动互联网时代，企业做好市场需求细分，找准定位，从小处入手，很快就能拥有自己的一席之地。

就像有个小故事讲的那样：一个人在纽约的一条街上想去个好点的餐馆吃牛排，这时看到一排餐馆，其中四家都有广告标语，第一家写的是"本餐馆的牛排是美国最好的"，第二家写的是"本餐馆的牛排是纽约最好的"，第三家写的是"本餐馆的牛排是曼哈顿最好的"，第四家写的是"本餐馆的牛排是这条街最好的"。最后，他去了第四家。

创业也是这样，你的品牌越小众，反而越能锁定目标客户。有好的创意，好的产品，还需把内功和核心竞争力建好，否则抢先传播有可能引来的不是顾客而是对手。但是，当企业过了容易被人抄袭并扼杀的阶段，你还不着手建立品牌，尽管你可能是第一名，但我相信这个"第一名"一定不属于你，很可能反而属于更懂品牌的后来者。

所以，我一直坚信一句话：移动互联网是金矿，品牌则是开采金矿的工具。没有工具，点金成石。懂得品牌，点石成金。

◀ 品牌定位 ▶

一、个人品牌的重要性

对于个人品牌，百度百科的解释是：个人拥有的外在形象和内在涵养所传递的独特、鲜明、确定、易被感知的信息集合体。能够展现足以引起群体消费认知或消费模式改变的力量。具有整体性、长期性、稳定性的特点。

美国管理学者彼得斯有一句被广为引用的话：21世纪的工作生存法则就是建立个人品牌。他认为，不只是企业、产品需要建立品牌，个人也需要建立个人品牌。这句话的广泛流传也说明了个人品牌已经为人们所重视。在这个竞争越来越激烈的时代，不论在什么样的组织中，要让人们认识你、接受你，首先要充分表现自己的能力。倘若你埋头工作却不被人认知，你的杰出表现就会被铺天盖地的信息所淹没。因此，个体的价值被认知比什么都重要，要想推动个人成功，要想拥有和谐愉快的生活，每个人都需要像那些明星一样，建立起有自己鲜明个性的"个人品牌"，让大家都真正理解并完全认可，只有这样，才能拥有持续发展的事业。

当下，注意力成为经济形态，眼球成为争夺目标——"注意力经济"、"眼球经济"已不仅是经济学课本里的理论，更成了市场竞争中随处可见的残酷现实。注意力本身就是财富。那些微博大V、网络人气王，无一不是靠个人的品牌影响力带动了粉丝，从而产生了一定的网络效应。

当下的中国已进入资讯爆炸的信息社会，无限的信息在争夺有限的注意力。在此情势下，个人若拥有鲜明的个性特征和个人品牌，无疑就拥有了核心竞争力，从而可以在竞争中获得强大助力。

打造个人品牌，古今皆同。只是古代是"亲情社会"，生活节奏缓慢，一个人即使不去经营个人品牌，也会随着时间流逝而被周围的人所了解；但进入当代社会后，我们生活在缺乏深度交往的"陌生人社会"，如果不经营个人品牌，不让别人迅速了解你、熟知你，那么很难获得更多更好的机会。个人品牌，古人尚能自我塑造，更何况生活在品牌蔓延的当代社会的我们！只有萌生打造个人品牌的自觉意识，才不至于被淹没在茫茫人海中，才能跟紧时代的步伐。

个人品牌不能简单地理解为名气。它是由知识、技能、经历、个性和知名度等多方面组合而成的综合体。

个人品牌分传统的个人品牌和互联网个人品牌。传统的个人品牌是从西方传出来的，像 KFC、爱马仕、劳斯莱斯、奔驰、宝马等都属于个人品牌，它们都有个共同特点，即最早是由个人或家族发展起来的，已有上百年历史。当时也没有品牌商标，发展到近代才有商标，家庭或个人演变成企业逐渐形成今天众所周知的品牌。比如 KFC 最先是由山德士上校创立的，到后面越做越大，发展到现在是一家全球化企业。在中国是没有个人品牌的，中国只有企业品牌，中国算得上个人品牌的店很少，像徐其修、同仁堂这些店勉强还可以算是个人品牌。发展到现代个人品牌又有新变化，随着互联网的高速发展，产生了一个新的个人品牌，即互联网个人品牌。像今天的自媒体、自明星、自偶像都属于个人品牌，个人品牌的代表有凤姐、罗胖子、Papi 酱。个人品牌通俗地说就是在卖自己，让更多人知道自己，让更多人认可自己。

有人说，微商卖的不是产品是人品。这句话形象地说明了，微商做不好的根本原因是不懂得应用个人品牌去做销售，如果能用个人品牌去带动产品销售那做起来会很轻松。个人品牌属于被动营销，犹如钱找人，而现在众多的微商是在做主动营销，是人去找钱。树立个人品牌的好处颇多，比如可以在卖产品的同时交到更多朋友，同时也可以积攒人脉，就算做不成生意也不影响跟对方成为朋友，容易达成交易。

我有个朋友是做化妆品私人定制的。每次她进的玫瑰纯露货还没到，她的粉丝兼客户就已经把钱打过来了。她总是问她的客户，你们不怕我骗你们？而她的客户都说，我们看上的不仅是你的产品好，更知道你这人靠谱。这就是个人品牌的魅力所在。把自己卖出去了，别人会无条件地支持你，信任你。微商创业要解决主要问题，当属信任问题。个人品牌正好可以解决信任问题！

"靠谱"就是所有个人品牌的魅力，当你有本事把自己经营成一个让你的粉丝认为靠谱的人，你还愁无生意可做吗？

二、网红经济风向

说起"网红"，大家一定对 Papi 酱不陌生。这个小丫头愣是靠原创视频赢得了千万粉丝和每个视频上亿的点击量。在半年时间内，她依靠"吐槽式"的原创短视频迅速蹿红，微博"粉丝"达到 1000 万，视频总播放量达到 2.9 亿次。不久前，她获得 A 轮融资 1200 万元，市场估值达 3 亿元。同道大叔，知名星座博主，凭借优秀的绘图吐槽 12 星座，受到粉丝热捧，随后凭借融资，完成了"同道大叔"到"同道文化"的完美进阶。宣称"每天坚持60 秒"的"罗辑思维"近日完成 B 轮融资，虽未透露具体金额，但 13.2 亿元的估值着实震惊了不少人。要知道，一年前，它的品牌估值才 1 亿元左右，一年时间翻了 13 倍。

当然，人红是非多。人们对类似 Papi 酱的红，也存有质疑，认为是走运，认为是短期的效应，最终不会长久。也有人说网络靠颜值。我认为，任何一个"网红"，红起来并非偶然，都有背后的能力和内容做支撑。Papi 酱是中央戏剧学院的在读研究生，她的原创内容和剧本编写都是自己创作，自导兼自演，这就是一种能力。而拥有这种能力，才会红得靠谱和长久。

网红经济的本质还是明星经济，或者换个角度也可以说是"粉丝"经济。"网红"的着力点其实不是"网"，"网"只是助推器，关键是在于"红"，"红"不是动词或形容词，而是名词，是指名人或者知名的事、物等，只不过名人更常见，特别是女性比较常见，所以大家往往喜欢将其等同于那些颜值高的甚至是"蛇精女"，直接形象化了，这种等同其实偏差还是蛮大的，但不管怎么说，都是靠"红"来进行经济上的转化，销售的基本上也都是"红"的影响力，买单的差不多也都是"粉丝"。从这个意义上来说，只要出名的，聚集了大量"粉丝"的，无论是人还是物，都能转换成"网红"经济。

"网红"之所以会成为一种现象，会升格成为网红经济学，很重要的原因是借助了移动互联网这个助推器。我们知道，互联网对信息的处理具有快速、海量和放大的特点，特别是移动互联网，又把"网"的作用提高了一个层次，所以"网红"的热点效应就会出现叠加，其舆论能力就会被放大。

如今的网红经济已经初步形成了上、中、下游紧密联动的专业化生产产业链，"网红"更像是一种产品，上游负责生产产品，中游负责推广产品，下游负责销售产品，就形成了拥有推广渠道、内容、销售途径等环节的营销闭环。

资本联姻的"网红"成为一股非常强势的力量。以前的"网红"往往只是单兵作战，其影响力转化的渠道大部分都落在了淘宝店和微商上面了，很难带来可观的或者说可以拿得出手的经济效益。但是近年来，随着移动互联网的生物进化论的兴起，很多资本越来越重视单点影响力的作用，认为只要发挥得好、引导得好，单点完全可以进化成一棵参天大树，具有非常高的溢价能力，"网红"的资本作用越来越明显，其背后的资本力量也越来越集中。今后几年，在资本的作用下，我相信也一定会有很多强势的"网红"被孵化出来，一些原来的"网红"也会和资本进行联姻，共同开花结果。

三、企业品牌的定位

"网红"代表的是个人品牌，那么企业品牌该如何定位呢？下面我们先分析一下优衣库品牌定位的案例。

优衣库一度被认为是日本最具活力的公司，创始人柳井正也曾问鼎日本首富。正是因为优衣库品牌定位准确才使得这家日本公司的连锁店遍地开花，且长久不衰。它成长和壮大的经验非常值得中国企业，尤其是服装企业学习与借鉴。

首先，定位平价休闲服装。柳井正把优衣库定位于平价休闲的服装市场。他的理由是"企业要想获得大发展，就一定要面向大市场"。当年日本经济增长率接近4%，并实现连续四年增长，此时一些日本服装企业考虑到国民消费能力提高，选择了品牌高端化。"国民服装、平价服装"的定位更是在2008年的经济危机中促成了该企业的发展，当年全球首富比尔·盖茨的资产缩水了180亿美元，日本任天堂董事长山内溥身家缩水至45亿美元，而优衣库则逆势上涨了63%，新开门店遍地开花。

其次，定位混搭奢侈品。"混搭"是把不同风格、不同材质的东西，按照个人的品位拼凑在一起，打造出完全个性化的风格。进军海外的优衣库把店开在当地繁华的商业核心区，巴黎分店的位置在最繁华的商业街，店面2150平方米；2006年，纽约分店开业，地点在百老汇的对面，面积3300平方米；在伦敦，三层楼的超级旗舰店开在牛津街。通过这种方法，把自己定位于顶级奢侈品牌的混搭"配件"是很有创意的想法。柳井正曾表示："既然可以和一流的服装品牌自由搭配，就应该在一流品牌云集的地方开店，这样才能体现出自己的特性。顾客买完了顶级的服装，出门就该来我这个'配件店'了。"

品牌定位必须站在满足消费者需求的立场上，最终借助传播让品牌在消费者心中占据一定的位置。要达到这一目的，首先必须考虑目标消费者的需求。借助于消费者行为调查，可以了解目标对象的生活状态或心理层面的情况。这一切都是为了找到切中消费者需要的品牌利益点。而思考的焦点要从产品属性转向消费者利益。消费者利益定位是站在消费者的立场上来看的，它是指消费者期望从品牌中得到什么样的价值满足。所以用于定位的利益点选择除了产品利益外，还有心理意义和象征意义上的利益，在这个过程中产品便转化为品牌。因此可以说，定位与品牌化其实是一体两面，如果说品牌就是消费者认知，那么定位就是公司将品牌提供给消费者的过程。

例如，王老吉是中国销量最大的预防上火的凉茶，而高露洁则是防止蛀牙的专业牙膏。当这样的理念被根深蒂固地植入消费者的心智中时，这些产品也就形成了各自的品牌。以后，只要有这些方面的需求，消费者首先想到的就是这些品牌。这种良性的品牌建立，依靠的就是正确且准确的定位。

消费者有不同类型，不同消费层次，不同消费习惯和偏好，企业的品牌定位要从主客观条件和因素出发，寻找适合竞争目标要求的目标消费者；要根据市场细分中的特定细分市场，满足特定消费者的特定需要，找准市场空隙，细化品牌定位。消费者的需求也是不断变化的，企业还可以根据时代的进步和新产品发展的趋势，引导目标消费者产生新的需求，形成新的品牌定位。

　　品牌定位一定要摸准顾客的心思，唤起他们内心的需求，这也是品牌定位的重中之重。所以说，品牌定位的关键是要抓住消费者的心。如何做到这一点呢？自然是必须能带给消费者实际的利益，满足他们某种切实的需要。但做到这一点并不意味着品牌就能受到青睐，因为市场上还有许许多多企业在生产同样的产品，也能给顾客带来同样的利益。现在的市场上已经找不到可能独步天下的产品，企业品牌要脱颖而出，还必须尽力塑造差异，产品与众不同的特点才容易吸引消费者的注意力。所以说，企业品牌要想取得强有力的市场地位，它应该具有一个或几个特征，看上去好像是市场上唯一的。这种差异可以表现在许多方面，如质量、价格、技术、包装、售后服务等，甚至还可以是脱离产品本身的某种想象出来的概念。

◀ 成功企业案例分析 ▶

一、个人创业思路：杨琰琰的"婚礼日记"

琰琰婚礼日记的创始人杨琰琰很有感染力，她是 LIU 教育学硕士，从事教育行业十年后辞职创业，现在是公众号"琰琰婚礼日记"的主理人。敢于挑战一直是她作为创业者的最大动力，工作之初，她的收入也属于高薪一族。办完婚礼的她，忽然觉得婚礼对于一个女孩来说是特别重要的一件事。而在筹办婚礼以及整个包酒店、定场地、做预算等一系列过程中，本来浪漫的婚礼却让新人累成狗，而且大部分的姑娘并没有收到自己满意的婚礼效果。于是，杨琰琰想来一次自己做主，完全 DIY 的婚礼，并且把她婚礼的过程用文创和案例的方式记录下来。结果点击率超高，人气爆满，并感动了很多准新娘。

杨琰琰看到了商机，何不给那些跟自己一样的新娘一个十分浪漫，又能体现个性并且全程自己能把控的婚礼呢？也正是如此，琰琰收到了很多素未谋面的新娘的祝福与鼓励，并开始与新娘交流婚礼心得，从此一发不可收拾。从分享自己的婚礼，到帮助 1401 位新娘完成 Dreamwedding，琰琰在收获感动与成就感之后，终于萌生了创业的梦想。2014 年 10 月，以"琰琰婚礼日记"命名的新娘备婚平台正式诞生，为此，琰琰辞去了从事十年的教师工作，专心经营这份承载着所有新娘梦想的浪漫事业。

2015 年 9 月，"琰琰婚礼日记"正式更名为"婚礼日记"独家品牌。琰琰曾说过：我们的梦想越来越清晰，希望更多的新娘拥有专属自己的 Dream-wedding，希望更多新娘加入我们温暖的大家庭，把这份幸福分享并传递下去，写下更多关于幸福的"婚礼日记"。杨琰琰在融资的过程中也感动了投资人徐小平、熊晓鸽、姚劲波等人。杨琰琰的创业理念是：我们是国内独一无二的新娘备婚团，提出"私人婚礼管家"的全新备婚理念，你可以把我们想象为一个贴心闺蜜，用心解读每位新娘对婚礼的真正憧憬，根据客户的不同需求，定制完美的备婚计划，为新娘节省预算，优化性价比，推荐最具匠人精神的团队和婚礼人。

正是基于此，杨琰琰的创业路从最初的 1500 多个客户，发展到 2016 年客户已经过万。首轮融资成功的她，正朝着更远的目标前进。

"婚礼日记"的创业成功并非偶然，也不是靠运气。首先，创业者是从自身的亲自感受发出，认为这件事有市场。同时，前期在网上与潜在客户互动的时候，发现了这些目标客户的心理需求。加之，她们的品牌定位很好，要做新娘备婚团，私人婚礼管家。这样一来，定位清晰，既能为新娘做婚礼预算，省钱，又能办出独具特色的婚礼。所以，杨琰琰个人的创业思路是很好的模式。先分析市场，再做品牌定位，然后通过公众平台与"粉丝"和客户互动。

二、互联网思维："三只松鼠"的成功之道

互联网思维是对传统工业思维的一种颠覆。工业化时代的标准思维是大规模生产、大规模销售和大规模传播，而互联网时代是消费者主导，因此，商家要充分利用互联网的精神、技术、方法、规则来创新，来规划互联网产

品和运营互联网业务，用尽社会化媒体营销手段，竭力做到产品与服务的极致，追求最好的效率、效益和效果。

大体上，互联网思维包括以下几个方面：用户驱动；重体验，具有女性主义特征；去中心化、去企业化；快速迭代，允许创新的灰度，颠覆式创新；免费服务＋增值服务；病毒营销、大数据营销；跨界、混搭、融合；社群电商、粉丝经济；小而美。

2012 年 6 月，大家都觉得电商行业似乎已是红海一片，找不到新的蓝海了，"三只松鼠"在天猫上线，半年之后的"双十一"，单日销售额突破 800 万元，2013 年 1 月单月业绩突破 2000 万元，跃居坚果行业全网第一。2015 年 9 月第四轮融资 3 亿元到账，2015 年"双十一"单日销售额达 2.66 亿元，2016 年前 7 个月销售额已破 25 亿元，全年或超 50 亿元，正筹备 A 股上市。

"三只松鼠"的创始人章燎原，之前做了 9 年的职业经理人，曾经把詹氏山核桃的年销售额从几百万元做到 2 亿元。后来，他看到了电商对传统产业的颠覆性趋势，便试水电商，打造詹氏山核桃的线上品牌"壳壳果"，仅 8 个月就获得近千万元的销售额。惊喜之下，章燎原索性自己创立了"三只松鼠"。

"三只松鼠"的成功之道就是把传统产业好的东西保留，把不足的地方跟互联网结合，进行产业升级。实现手段就是"给顾客的一定要超出顾客预期"。第一，产品质优低价、性价比高。与线下商场相比，产品便宜 15% ~ 20%。第二，卖萌打动用户，细节做到极致。编写了上万字的"松鼠客服秘籍"，推出客服 12 招。送货时，附带具有独特卡通形象的包裹、开箱器、封口夹、垃圾袋和传递品牌理念的微杂志、卡通钥匙链、湿巾等，与一般电商完全不同。第三，充分应用大数据，挖掘产生价值。通过 IT 系统的数据分析，能够清楚地知道产品的买家、购买特点。这些数据不仅可以加强 CRM，还可以反作用于上游供应链，他们与原产地采取订单式合作，由当地企业生产成半成品后，统一运至芜湖总部封装工厂进行质检和分装，保证了质量。第四，有了电商平台的数据支撑，要不断优化搜索关键词，及时调整网络营销策略，将客户的点击率转化为购买率。

三、网红经济："罗辑思维"的网红效应

"罗辑思维"最初是一个纯视频的自媒体节目，由主持人罗振宇读书给你听，口号是"有种、有趣、有料"，分享一些有思想、有观点的书籍，不是社会新闻，也不是心灵鸡汤，但轻松幽默，死磕自己，愉悦大家。可能不一定完全在理，但可以拓展思维。

该节目上线一年，单期视频点击率超过 100 万，微信"粉丝"达到 108 万，按顿巴数 150 人计算（英国学者顿巴提出人类智力将允许人类拥有稳定社交网络的人数约是 150 人），其影响力就可以覆盖 1 亿多人。"罗辑思维"通过微信销售第一期会员，5500 个名额半天售罄，轻松入账 160 万元。2015 年底，"罗辑思维"用户突破 530 万，当时估值 13.2 亿元。

"罗辑思维"的营销利器就是微信，微信的强关系实现了强到达、强交互。"罗辑思维"成功的模式是，充分利用互联网做品牌，利用交费会员体系聚集精准用户，利用微信保持用户黏度，巩固"粉丝"的忠诚度。同时，逐步实现跨界和融合，延伸到了其他领域，后面连续成功地举办了相亲、霸王餐等活动，引起轰动。

按罗振宇的说法，"互联网不是说在边界线上陈兵百万搞阵地战，而是用溶解的方式，摧毁一切传统组织"。互联网的特点是轻公司、轻资产，因

此，"罗辑思维"的团队人员非常少，据说只有 5 个人。罗振宇称其运营模式是雪山模式，只要雪堆积得足够厚，就一定会融化并在山脚下汇聚成一条河流。

【本章结语】

在移动互联网微创业时代来临之际，我们需要审时度势，站在战略的高度来看待未来发展趋势，掌握好经济风向，既要看到商业的困局，又要具备瞻望未来的眼光和头脑，学会把握市场需求，寻找产品定位，找到商业突围之路。有了这些大前提，我们才能更好地进行品牌的传播和复制。

第二章
品牌传播策略与机制

重点内容

- 品牌价值标签
- 品牌传播渠道
- 品牌升级攻略
- 品牌创新手法
- 借势造势
- 成功企业案例分析

◀ 品牌价值标签 ▶

一、消费者对品牌的认知

"品牌"不仅是一个产品公司的名称或一个公司的标志，更重要的是它能给消费者带来更多的潜在利益。消费者的品牌认知包括对品牌的功能性认识和对品牌的象征性意义认识两个方面。在产品高度趋于同质化的市场条件下，消费者对品牌象征性意义的认识尤为重要。比如，"劳斯莱斯"品牌是地位的象征；"凯迪拉克"品牌是成功的象征。同样都是汽车，但它们的象征性意义绝对是不一样的。可见品牌的象征性意义是在长期的品牌营销过程中，消费者的心里对品牌形成的象征性的意义。当一个品牌给消费者带来了象征性意义，那么这个品牌就有了独特的个性。而品牌个性又深深影响着消费者潜在的欲望和冲动并与消费者建立感情，使消费者形成消费偏好。可以说，品牌如果没有稳定的内在特征和行为特征上的个性，品牌也就不可能影响消费者心理。

消费者心中的品牌常常与生产者所谓的品牌有很大不同。

生产者所谓的品牌常常指的是事实，如质量、功能等，而消费者心中的品牌则是认知，是情感，是偶像。生产者认为更好的产品一定能赢得市场，而消费者更强调自己的认知，真正是跟着感觉走。经典的例子是新可乐的推出。可口可乐公司在推出新可乐前对约 2500 名消费者进行了口味测试，证明新可乐的口感要好于原有产品。但消费者并不买账。新可乐最终无疾而终。因此，如何在消费者心中建立产品的认知是生产者一项持久的课题。

生产者希望消费者永远忠诚，希望自己能满足消费者不同年龄段、不同用途的需求。海尔在冰箱之后，延伸到洗衣机、整体厨房，然后又进入到医药、保险等。但在消费者心目中：海尔冰箱最棒。

消费者对品牌的认知分为三个层次：

第一个层次，品牌是个符号。消费者最初接触到的是品牌形象，这种形象越有性格特点越好。比如消费者来到麦当劳就餐时，店外店内但凡人眼所及之处都清晰、醒目地印着黄色"M"符号。消费者每当想到或谈及麦当劳时，头脑中自然第一个就会想到它的形象符号"M"。

第二个层次，品牌的联想。品牌所代表的是消费者所认知和赞同的某种价值观和心理认同的情感趋向。品牌是连接企业和消费者情感的纽带，对于竞争对手却是无形但具有杀伤力的有力武器。每个品牌都应该有与众不同的品牌内涵以及带给消费者的情感认同和偏好，使消费者在享受商品的同时还能感受到品牌所赋予的情感价值。

第三个层次，潜意识。潜意识是消费者内心对品牌深层次的真实想法，也是消费者调研中最核心的部分。消费者在消费过程中不但追求生理的需求和满足，更多的是追求心理上的需求，追求一种感觉和自身价值的认同。我们只有了解了消费者对品牌的认识度，才能更好地去给品牌定位进而塑造品牌。

二、塑造品牌，抢占消费者

如果一种商品在人们的脑海里占据了一席之地，那么这种商品就塑造了品牌。试想一下，为什么京东如此令人着迷？因为它在我们大脑中占据了一席之地。每当我们想购物，尤其是电子产品时，首先想到的就是京东。打开电脑网站或手机 APP，点击两下，京东送货到家，一天后就能在家见到产品了，有可能上午下单当天就能见到自己购买的产品。

在早期，塑造品牌意味着你的网站有了直接的、非归属性的访客。这些访客来到你的网站是没有理由的。但当他们对某一品牌有了想法之后，会直接来到中意的网站。从长期来看，这意味着你的品牌会不断传播。因为人们每当有需求时就会想到你，这说明他们会和朋友讨论你的网站。

这就是塑造品牌为什么如此重要的原因。良好的品牌会让企业得到真正的发展。塑造品牌最好的方式就是从自身发力。当你从零开始时，你就是最好的品牌。聚美优品、当当网、滴滴打车、途牛等都从零开始塑造了自己的品牌和公司的品牌。

人们喜欢听故事，他们也想听你为什么要创业。当初聚美优品不太火的时候，创始人陈欧天天为自己代言，上电视，做活动，参加招聘节目，无时无刻不在讲自己的故事。"我是陈欧，我为自己代言"，相信大家都不陌生。

当你这么做时，你会收获"粉丝"，那么你的品牌就会在人们的脑海里占据一席之地。通过重复和创新，你的影响力会越来越大。当你还没有意识到时，人们已经从行动上表现出了对你和你的业务的兴趣。他们会想到你，讨论你，并和朋友分享你的产品。

塑造品牌不是向外分发带有公司 Logo 的免费物品，而是创造故事。产品和公司的存在是为了给客户服务，帮助他们成功。如今，人们提到购买化妆品就能想到聚美优品，提到买书就能想到当当，这就是因为他们塑造起了品牌。

品牌是无形的资产，将产品质量、风格、定价、受众群、售后服务等各个方面综合就会形成一个无形的概念，也是买家对产品的一种认知，这就是品牌。

品牌能够从细节处体现特有的文化和个性，让买家一秒钟就能想起产品的属性、风格、定价等。手机就买华为，可乐就买百事，牛奶就买伊利、蒙牛，这样的消费者就是品牌的忠实"粉丝"。想让你的店铺拥有这样忠实的粉丝就必须放眼长远，体现细节。在品质可靠的前提下，产品的内外包装不都是品牌宣传的最佳方式吗？

有人说"一个标志同一时间在你眼前出现 7 次，你的大脑就会记住它"，如果想要建设属于自己的品牌，口号、广告语、标志、包装设计等都要精心准备，不能照抄知名品牌，这部分的资金投入不能省。统一包装、"三标"齐全、质量优良的产品总会让人觉得是正品。

三、产品包装，让消费者爱不释手

包装是产品与赢得消费者青睐的有力手段。在精神与物质极大丰富的今天，消费者越来越注重包装，对包装的期望值越来越高。

仅是生产设计良好、功能优越的品牌包装已经不能吸引大量顾客了。对于消费者而言，那些能够与顾客进行交流，满足现代人热衷的娱乐性、个性、互动性方面需求的包装才是好包装。为此，企业在产品包装设计上开始追求包装的用户体验，希望能够给予消费者身心愉悦或者一种出人意料的触动，黏住爱尝鲜的消费者。

特别是在高档包装和礼品包装行业，这种发展势头更加明显。从收货角度看，顾客希望打开包装后能看到完好无损的产品，同时包装看起来不是那么"破",也就是说要有档次,最好能诠释品牌意义与品牌关系,让他们送人的时候比较有"面子"。

包装能维系品牌与买家的关系,主要体现在,如果买家喜欢某个盒子,就会把它留下来或欣赏或做他用,更有甚者,发展到只要喜欢某个品牌的包装盒,就会拿来"收藏"。"苹果"公司的包装就是个很好的例子。其爱好者认为"苹果"包装盒设计精美,看起来高档雅致,非常值得收藏,所以他们看见一个收藏一个。不过,显而易见,像"苹果"这样的情况是非常稀少的。

现代消费者面对的不再是品种单一的商品,而是琳琅满目,甚至功能、效用相同而外形千变万化的商品。这时消费者如何选择和判断是目前广告设计行业正在研究的一个重要课题。可以肯定的是,除了广告、价格等因素对消费者产生影响外,商品的包装也是一个非常重要的影响因素。

◀ 品牌传播渠道 ▶

一、借力社会媒体：门户 + 行业垂直 + 区域

每个创业者都希望达到"提升品牌，提高销量，有效营销，减少广告支出"的营销境界。在互联网时代我们进行网络营销时，需要想清楚三件事：谁是你的顾客；他们想知道什么；他们想怎样知道。品牌传播首先要做的就是借力社会媒体。

对借力社会媒体正确的理解应该是品牌传播在渠道传播上，要更多地基于传统渠道推广，并结合社会化渠道形成联动效应。那么，具体如何操作呢？

一是找到一个核心策略点。这是任何营销活动都必须有的，即便是单纯的社会化营销推广，也需要一个支撑整个传播的策略点。不过，这里的策略点"视野"应该更宽广，即策划者需要跳出渠道思维，站在整个品牌传播的角度找到一个"核心点"。

比如，京东"双十一"促销的核心策略点是"快"。因为有网购经验的人都知道，遇到一些大型促销活动日，快递变慢递成了最主要的痛点。所以，为了突出"快"，京东创作了一系列基于"快"的创意内容，包括视频、平面广告，向消费者传达京东"物流快"这一核心竞争力。

二是构建一个渠道传播闭环。策略点定好了，内容也差不多了，就需要考虑传播路径了。我认为，要从门户 + 行业垂直 + 区域三管齐下进行传播。

社会化渠道虽然能够以很低的成本让消费者主动获取促销信息，但并不能完全占领消费者的生活空间，更不能使消费者的生活与品牌形成"强关联"。传统渠道虽然能强制性"入侵"消费者的生活，对于品牌"沉淀"起到非常关键的作用，但却无法迅速传播，引发病毒效应。

所以，在渠道传播的过程中，企业应该根据自己的核心策略点和创意，针对不同渠道，设计不同的内容形式，然后根据自己的传播逻辑和渠道特征有节奏地安排投放。如此，渠道传播闭环自然形成。

二、构建自媒体矩阵：巧用自媒体平台

我们常讲"不要把鸡蛋放在一个篮子里"。对于品牌的传播渠道，我们也不能完全依靠一个平台。

试想，如果企业写一篇自己的软文，仅发布在官方网站上面的话，那可能浏览的人数比较少。但是一篇文章除了发布在官方网站，还可以通过企业自身的自媒体平台比如微信公众平台、今日头条、搜狐等自媒体平台分发出去，可能短时间内就能得到一个不错的曝光。所以，无论是个人还是企业，我们都需要获取大量的流量来传播自己的品牌。构建自媒体矩阵对于企业和个人来说，都是一个很不错的传播渠道。

现实中有的"粉丝"并不局限于某个自媒体平台，比如有的"粉丝"喜欢玩微信，但有的就喜欢玩QQ；有的喜欢在今日头条看新闻，有的则喜欢在一点资讯上阅读文章。所以，对于企业来说，做自媒体矩阵，不仅可以获取流量，也会获取更多"粉丝"的关注。

一篇文章，如果在一个平台有1万的阅读量，那么，可能分发在多个自媒体平台上面，就或许能获取10万的阅读量。这样的话，建立起企业的自媒

体矩阵，无疑会扩大企业的影响力。

　　企业建立起自媒体矩阵，将会加快品牌的推广、传播，有助于企业快速发展。比如微信公众平台，万一我们在日常推广运营的过程中，由于不注意造成了企业官方微信号被封禁，此刻应该怎么办？如果建立起企业官方自媒体矩阵的话，即使一个平台被封了，还会有多个平台传递企业信息。所以大中型的企业经常利用的自媒体平台绝对不止一两个，都是多个平台同时维护、更新。

　　下面列出的是目前企业和个人最常用的媒体平台：微信公众号（微信订阅号、微信服务号、微信个人账号）；新浪微博、企业官方网站；一点资讯、今日头条、搜狐自媒体、企鹅媒体平台；企业营销QQ、企业官方认证QQ空间、QQ公众号；简书、知乎、豆瓣、土豆、优酷、爱奇艺、酷六、56视频、腾讯、爱拍、搜狐、新浪、百度视频、YY直播、凤凰视频；喜马拉雅电台、荔枝电台；行业论坛、博客平台、社区平台。

◀ 品牌升级攻略 ▶

一、视频营销，多渠道增加传播效果

不论企业还是个人，在建立了品牌以后，创业的路才刚刚开始。只有很好地推广品牌才能带来利润。大部分的企业首选做广告，近两年，随着网络、Wi-Fi、流量等基础门槛的降低，短视频日渐火爆。微视、秒拍、玩拍、趣拍等应用群雄逐鹿，而最近火爆的美拍又着实让大众兴奋了。顺着潮流，微信6.0也推出了6秒短视频功能，可谓正式开启了中国的小视频时代，这也使得企业和个人在品牌升级推广的过程中可以选择网络视频营销。

网络视频广告的形式类似于电视视频短片，但平台却在互联网上。"视频"与"互联网"的结合，让这种创新营销形式具备了两者的优点：它具有电视短片的种种特征，例如感染力强、形式内容多样、肆意创意等；又具有互联网营销的优势，例如互动性、主动传播性、传播速度快、成本低廉等。可以说，网络视频营销，是将电视广告与互联网营销两者"宠爱"集于一身，更主要的是这种推广形式成本低廉。在国外，让许多公司开始尝试网络视频广告的一个重要原因，就是网络视频营销投入的成本与传统的广告价格差距太大了。一支电视广告，投入几十万元甚至上千万元都是很正常的事情，而几千元就可以搞定一支网络视频短片。甚至一个好创意，几个员工就可以做成一个好短片，免费放到视频网站上进行传播。

企业完全可以把广告片以及一些有关品牌的元素、新产品信息等放到视频平台上吸引网民的参与，例如向网友征集视频广告短片，对一些新产品进行评价等，这样不仅可以让网友有机会获得收入，同时也是非常好的宣传机会。

网民看到一些经典的、有趣的、轻松的视频总是愿意主动去传播，通过受众主动地传播，视频就会带着企业的信息像病毒一样在互联网上扩散。病毒营销的关键在于企业有好的、有价值的视频内容，然后寻找到一些易感人群或者意见领袖帮助传播。简单的一个笑话、一则新闻、一个视频，只要网民看过觉得非常有趣，可能就会产生传播和分享的冲动，于是在无意中就充当了传递员的角色，心甘情愿地传递着"病毒"，不知不觉地成了企业营销扩散的媒介。

在视频营销中，有一个比较经典的案例是泰国版的潘婷视频广告，意在宣传这款洗发水，广告主旨定位"你必闪亮"。这个在泰国播放的广告却在中国视频网站风靡，并被网友命名为"最感人的励志广告"，仅在优酷一站统计，就有60多个视频多点传播，轻松收罗了20多万点击量，而这数据还不包括站外转载引用的。该画面是这样的：

街头，一位衣衫破旧的老艺人忘情地拉着小提琴。他的身前，一位留着披肩发的小女孩好奇地看着他的一举一动，老艺人给了小女孩一个温暖鼓励的微笑。

镜头一转，汽车喇叭声刺耳地响起，可是拎着琴盒和书包的小女孩却走在汽车前，毫无所动，充耳不闻。在学校里，另一个马尾女孩神气十足地站在她面前，尖刻地说："丑小鸭也想学飞，聋子也想要学小提琴？你疯了吗？为什么不学点别的东西呢？"

在双人练习中，由于小女孩的失误，马尾女孩恼怒地在钢琴上随手一砸，随即站起身来推倒了她的乐谱架并转身离开。

"我做错了吗？我不应该学小提琴吗？"小女孩一个人留在教室里，看着课桌上的小提琴，哽咽着，却出不了声音。

镜头又回到街头，衣衫更加破旧的老艺人还在拉小提琴。一曲演完，围观者渐渐散去，而女孩仍静静地站在那里，老艺人蹲下身子收拾东西，看到了远远站着的她，老艺人做了个拉琴的动作：你还在拉小提琴吗？

女孩哭着伤心地比划：为什么我和别人不一样？老艺人微笑着，用不熟练的手语慢慢地回答：为什么……你……必须和别人一样？

女孩不解，老艺人微笑着，继续比划：音乐，是可以被看见的。他用双手托着小提琴，郑重地交到了女孩的手里。老艺人的手划过面前，仿佛眼睑轻轻闭起：闭起眼睛……然后你就会看到。

重新认识自己之后，小女孩更加努力地练习小提琴，并和老艺人一起进行街头表演。在音乐中，她笑得纯真而开朗，甚至令坐在豪华私家车中路过的马尾女孩惊讶和嫉妒。回家之后，马尾女孩咬着牙拼命地练习钢琴，并找来几个街头流氓将聋哑女孩的小提琴摔碎了。

广告的最后，大剧院里，马尾女孩精彩的钢琴独奏得到了全场观众的喝彩。正当主持人要宣布音乐会结束的时候，有人匆忙提醒，音乐会临时增加一位表演者。这最后一位演奏者站在大幕边，手里紧紧地抓着已经碎得不成样子，用胶带勉强黏合起来的小提琴。

音乐，从那陈旧而破碎的小提琴中婉转如流水。几乎是同时，人们仿佛被惊醒，所有人都跟着站了起来，为她鼓掌。

然后一头清新秀发的女主角被植入短片中，却有着先天聋哑的缺陷。

比起很多洗发水广告用高高在上的漂亮模特,有缺陷的女主角也是这部短片与消费者沟通时的独特之处:减少距离感,带点励志,让消费者怜悯,产生共鸣。整个广告的故事情节都体现了"You Can Shine"(你必闪亮)的主题,从网友反馈的评论中可见,这个视频感动了大多数人尤其是女性。虽然故事始终都没有出现产品形象,但潘婷所传达的品牌精神却深入人心,极具感染性。对于网友而言,是不是精心策划的广告已经不重要了,看了短片有所想、有所得,这就够了,网友已经不会再去计较是不是广告了。这就是视频营销的魅力,明明是广告,却让人不反感、不抵触,还能做到主动传播。

由于每一个用户使用的媒介和互联网接触的行为习惯不同,这使得单一的视频传播很难有好的效果。因此,视频营销首先需要在公司的网站上开设专区,吸引目标客户的关注;其次应该跟主流的门户、视频网站合作,提升视频的影响力。对于互联网用户来说,线下活动和线下参与也是重要的一部分,因此利用互联网上的视频营销整合线下的活动、媒体等进行品牌传播将会更加有效。

二、视觉营销,视觉是一切消费的前提

谈到视觉营销,可能大家首先会想到的是陈列、装饰、卖场,是一些具象的东西。随着时代的发展,电子商务和互联网发展势头越发迅猛,视觉营销这一传统行业的惯用手段也逐渐融入到了网络世界,变得抽象化、多元化,并越来越被重视。传统行业中的视觉营销重点在于陈列师对环境的布置、对氛围的营造、对主题的强调。而网络中,尤其是淘宝、天猫、京东、微店等的视觉营销"成分复杂",集交互设计、用户体验、信息构架为一体。重点在于视线把控和买家心理把控。所有买家在购物的时候都有一个基本的流程:

产品进入视线—信息传递到大脑—产生购买欲望—形成购买。

通过这个流程我们不难看出：视觉，是一切购买的前提！

商品是所有交易的基础，将其排在第一位自不用多说。紧随其后的就是曝光，首先需要把商品展现在买家面前，才可以谈到其他的，人家都看不到商品何谈购买？其次是点击，曝光吸引了买家注意然后形成了点击，从曝光到点击的过程我们一般称为流量。最后买家经过仔细的权衡确定了购买，形成订单。在推广业务时，视觉内容的作用可以说是一图胜千言。视觉内容能在短时间内产生最大的影响力。研究表明，大脑处理视觉内容的速度比处理文字内容快 6 万倍。此外，93%的人际交往是非言语的，因此可视化的在线业务显得至关重要。

从人类的视觉习惯分析，打开一个店铺的首页，我们的视线第一时间会停留在店招下面的海报图上，而看到这个图之后的一到两秒钟内就可以决定是继续往下看还是关闭页面离开。此时导致顾客去留的关键因素就是店铺的色彩搭配与整体风格，人类对色彩是非常敏感的，色彩在人类视觉上占90%的引导作用，合理的色彩搭配会让人觉得舒适、对店铺品牌和产品产生认同感，而杂乱无章的色彩会引起顾客的厌恶情绪，所以我们一定要注意色彩与产品之间的搭配。

那怎样的色彩搭配才算是合理？首先，我们必须根据产品与风格定位一个主色系，例如韩版女装要挑选一些可爱的、温馨的颜色，而欧美女装则是其他的颜色围绕着主色调进行搭配和点缀。主色调（包括其类似色、邻近色）占80%左右，其他搭配色彩占20%，且搭配色要跟主色调有一定的搭配联系，通常情况下不要用主色调的对比色来进行搭配。有研究表明，一张图片如果颜色超过三种以上就会让人开始产生杂乱感。很多企业会犯一个错误，就是色彩过于丰富，凸显不出主色调，甚至会用到很多对比强烈的反差色，顾客面对这样的页面会感觉到很不适，自然也就没有看下去的耐心了。

其次就是产品风格的搭配问题，比如韩版女装就不能用欧美的模特，欧美风格的女装就不要把网店装修得太可爱，不然会让人有一种外国人穿戏服的感觉，显得不伦不类。

视觉营销要去发现别人看不到的地方，更要去制造别人想不到的创意。利用视觉营销制作的广告已经成为我们生活中随处可见的朋友。网络、商店、地铁、广场、电梯间……它填补了人们闲暇中的空白，令生活有了乐趣，甚至充满惊喜。

我们常说传统广告是"戴着脚镣舞蹈"，然而发展至今，多元的传播平台细化了广告的分类，当一个视觉广告发出的声音不够尖锐的时候，很快就会被淹没在广告的海洋里面。所以，越来越多的企业开始将视觉广告配合着店内视频、发布会视频、网络公关、微博互动等一同推出，从而锁定消费者。

三、在线直播的风口及传播价值

在大数据、垂直社交、电商、O2O 相继成为近几年中国互联网圈的重要关键词后，"直播"无疑是 2016 年各路资本追逐的热点和新宠。

行业数据显示，2012 年从事网络直播的公司只有 25 家，到 2016 年 5 月，这个数字已经变成 116 家。在这 116 家直播平台中，90% 处于 A 轮及 A 轮之前，30% 左右处于天使轮，两家已上市。其中，共计拥有近 50 家投资机构，大致分为投资机构、明星投资人、上市公司和大体量企业四类。不仅创业公司纷纷涌入视频直播行列，巨头们也相继开始布局。

从刘烨带着儿女直播、姚晨直播做饭到刘涛直播《欢乐颂》新闻发布会之后，直播营销的火从娱乐圈烧到了企业大佬们的身上，雷军直播小米无人机发布会，欧莱雅直播征战戛纳，就连营销行业也不甘落后，杜蕾斯也玩了一把直播营销，把整合营销奉为平台宗旨的传播又怎么可能错过呢？

除去满足娱乐诉求，移动互联网时代，还可以通过直播的方式将产品展示、会议、方案测评、对话访谈、在线培训等内容现场发布到互联网上，实现表现形式好、交互性强、地域不受限制、受众可划分等功能。现场直播完成后，还可以随时为受众继续提供重播、点播，延长内容利用的时间和空间，发挥直播内容的最大价值。

现在越来越多的活动采用手机直播的方式：小米无人机的新品发布会就采用了雷军移动直播的方式；杜蕾斯上次的直播 xxoo 体验耍猴事件；Pipa 酱的广告拍卖直播；等等。以后越来越多的新闻发布会及产品发布会将采用直播这种新模式进行，那种租个五星级酒店，请一大堆记者的方式落伍了。

移动直播是传统直播的分支，近几年刚刚脱离了 PC 端，所以下载量和用户数相比 PC 端要少一些，但是用户增长速度远远高于传统媒介，如花椒直播，2015 年 10 月仅运营半年就快速积累 3000 万用户，可见移动直播的传播效果之快。2015 年 9 月 16 日，乐视音乐公布数据称，李宇春 WhyMe 十年演唱会直播预约人数已突破 355 万；2016 年 5 月，花椒首明星养成计划首播当日观看人数达 120 万；2016 年 6 月 13 日，在聚美优品直播营销推广中，人气明星"小丈夫"杨玏现身聚美优品直播间，当晚在线人数突破 300 万。这些数量庞大的观看群体足以证明新媒体产品移动直播平台的营销发展现状非常乐观。

随着互联网商业形式上的相对固化，内容正日益成为竞争的焦点。视频移动直播行业也是如此，前期用户被秀场模式吸引而来，但之后便会渐渐失去新鲜感，如果没有其他有价值的内容让用户继续留下来的话，用户流失便在所难免。失去了用户这一基础，营销效果也就无从谈起。可以预计，视频移动直播在经历前期的秀场拉新之后，即将迎来内容竞争的时代，企业要想在直播风口上传播品牌价值，除了要跟上这一股风之外，还要在内容上下功夫，才能走得长远。

◀ 品牌创新手法 ▶

那些把品牌经营得相当成功的企业，大多数的法宝是创新。这些企业对自己的品牌形成了哲学思考，有自己的设计原则，并在这些原则的指导下建立起规范的设计部门和完整的设计管理体系，以设计为核心整合企业的各种要素，通过对产品、服务以及品牌传播等进行设计和创新，在各个层面构建起品牌理念和视觉识别的一致性，从而让消费者有新的体验和认同，扩大产品的市场占有率。品牌创新手法包括：找到产品的独特和核心的卖点，对产品进行创新，并对营销方式和使用方法进行创新。

产品的独特卖点和核心卖点源于产品创新和营销方式创新。在这里我们用王老吉的案例来说明。

"怕上火喝王老吉"，我相信很多人都熟记这句广告语。王老吉在产品定位之初，就深谙竞争对手就是其他饮料，那么如何在饮料云集、品牌众多的市场中脱颖而出呢？王老吉想到了自己的独特和核心的卖点——喝王老吉能预防上火。"怕上火"特别符合大众的心理，喝饮料就能让自己大吃大喝后不上火，这种心理潜移默化地在消费者心中形成一种观念，特别容易引起好感和趋向。因为消费者喝了这种饮料，不仅能解渴，还对身体有益，保护健康，能尽情享受生活。这就是王老吉的核心卖点。

一、产品创新：生产观念、产品及生产工艺创新

尽管王老吉的药品质量已属上乘，但是随着时代的变迁，市场也要求其

与时俱进，进行创新。王老吉药业总共进行了以下的生产创新：首先是生产观念的创新。生产是为了提高社会大众的生活品质。其次是产品创新。王老吉跟紧时代步伐，推出王老吉广东凉茶颗粒、王老吉无糖冲剂、王老吉清凉茶（绿色纸盒软包装）、王老吉润喉糖、王老吉清润饴等系列产品。此外，还注重生产工艺创新。王老吉采用先进的超临界二氧化碳萃取、离心薄膜缩、真空冷冻干燥等技术进行生产，借助恒温、恒湿、无菌操作，效率极高。

优质产品是顾客对药品品牌忠诚的前提条件，优质的产品是优秀品牌的根基。剑桥大学企业策略计划研究的一项调查研究表明，决定企业长期盈利的关键因素是被顾客广泛认可的优质产品。产品品质低劣的企业，平均每天丧失 20% 的市场份额，相反高品质产品企业的市场占有率每年按 6% 的幅度增加。

二、营销模式创新：渠道、终端地面及借势宣传推广

在渠道和终端地面推广上，王老吉除了传统的 POP 广告外，还开辟了餐饮新渠道，选择湘菜馆和川菜馆、火锅店作为王老吉诚意合作店，投入资金与它们共同进行促销活动。并且把这些消费终端场所也变成了广告宣传的重要战场，设计制作了电子显示屏、红灯笼等宣传品免费赠送。在给渠道商家提供了实惠后，王老吉迅速进入餐饮渠道，成为渠道中主要的推荐饮品。

随着红色王老吉的快速发展和消费者对王老吉降火功能的认可，王老吉药业也借势宣传推广其他产品。此外，凉茶是岭南特有的产物，也形成了一种文化，王老吉系列产品就是这种文化的载体，因此王老吉推广必须注重文化推广，绘制王老吉连环画、撰写王老吉软文都是文化营销的一部分。同时，王老吉还借助 170 多年的历史树立凉茶始祖的身份，完善自己的品牌故事，

并塑造配方的传统性与神秘性。值得一提的是，王老吉赞助了中央电视台电视连续剧《岭南药侠》的拍摄，该剧主角即是品牌的创建者王老吉，这将利用国人喜闻乐见的形式将品牌故事导入消费者的内心。

同时在 2016 年新年之际，王老吉推出的新春吉祥罐，在王老吉的原有罐体包装上做出了较大调整，将中国传统文化中的"福禄寿喜财"及"吉文化"的"吉"，以拟人的创意形式设计融入王老吉罐身，组成了一套 6 款新春纪念罐系列。据业内人士分析，这次吉祥罐是王老吉针对新春黄金期市场分析后所做出的选择。一方面，从文化上来说，王老吉本身的"吉"文化与新春喜庆氛围吻合，将新春元素融入罐体设计中，既是对"吉"文化直观的表达，也是对消费者的热情祝福，有助于王老吉进行品牌文化输出。另一方面，从营销的角度看，吉祥罐新包装也是借鉴国际知名产品的成功经验在营销手法上的创新突破，通过对罐体设计的重新包装演绎，让产品更具时代青春感，并利用灵活多变的罐体创新设计，使更多的消费者喜欢上王老吉。

通过发布新春吉祥罐这一招"新装迎新春"，王老吉在品牌营销手法上再次玩出了新花样，也再一次迎得了业界瞩目。近年来，王老吉在推进品牌年轻化的进程中，不断通过各种别出心裁的营销手法创新，在快消行业品牌营销的竞争中总能居于领先地位。

早在巴西世界杯期间，王老吉就结合世界杯足球热潮推出世界杯主题罐，通过拉环收集和比赛竞猜活动，上演了一出营销"珍环传"，使得足球与王老吉之间的关系更加紧密，同时，也成功将广大足球爱好者转化为王老吉的消费群体。

在品牌营销充斥眼球的今天，创新是深陷营销红海中的企业家们杀出重围的唯一出路，而王老吉在百年品牌成长史中所积累的宝贵经验，让其在创新营销上拥有了得天独厚的优势。无论是新包装的眼球攻势，还是新媒体的跨界整合，在营销手法运用上的创新出奇，都令我们对其将来的营销举措充满期待。

◀ 借势造势 ▶

借势造势，说到底就是靠热点事件、名人大咖，甚至事件活动来吸引流量，这也是近年来企业比较常用的营销手段。一是因为热点事件本身就是一天或几天中人们关注的焦点，谈论的热点。二是因为热点事件可以促使流量产生自主的搜索行为。

一、网络推广的套路：事件营销、名人效应

网络推广的套路基本雷同，就是打造诱饵去引导用户关注，以达到推广引流的目的。利用热点事件和明星效应去推广引流的事件营销，其实就是将热点事件素材作为诱饵，通过软文、视频、图片等形式来引流推广。

选择热门事件时，大家可以借助百度搜索风云榜等榜单来进行选择。但是，之前一定要结合自身的推广诉求、推广的品牌、平台、产品等来类推。同时，要尽量选择那些能够引起人们强烈情绪反应的热门事件，如爱国、同情、嫉妒、恐慌、危机感等。

前些日子"南海仲裁案"一事，牵涉了国家和民族的利益，绝对是人们都关心的热点话题。所以我们可以发现，很多品牌，自媒体，包括名人都通过此事件来进行品牌营销。

还有网络上传得沸沸扬扬的"八达岭野生动物园老虎吃人事件"，也让各大自媒体和门户网站借机赚足眼球。不论是口诛笔伐当事人的情绪失控，

还是同情当事人的不幸，这一热门事件引起的沸腾最终都给很多人带来了可观的流量。

除了热点事件，就是大咖名人之类的诱饵了。比如网络上早期的方舟子和崔永元因为转基因食品的争论和对赌，近期的陈冠希开骂林志玲，林心如嫁给霍建华等，他们本来就属于公众人物，网络大咖和明星一旦有了热点事件，民众或者他们的"粉丝"参与的热情就会空前高涨。因此，如果借势去营销、去推广，用好了就能产生事半功倍的效果。

另外，还有事件和活动。各大商家对于里约奥运会这一国际盛事，参与度也很高。如果你的产品能跟奥运沾上边，利用一些营销手段，就可以做出最好的推广。毕竟，这样的大事件四年才能遇到一回。

二、利用热点事件营销的操作要点

利用热点事件来操作事件营销，绝对不可以偷懒，不能简单地从网上直接复制内容，然后弄个关键词了事。要想推广效果好，动脑子和用心是必须的。而且也要照顾到自己的产品和卖点，不能强行跟着去借势造势。

比如，杜蕾斯一直以来被誉为借势营销的榜样。2015 年 5 月 29 日，范冰冰发布和李晨的合照，一句"我们"在微博公开恋情，杜蕾斯在 9 分钟后就发图发声——"你们!!!!!!!! 冰冰有李!!"微博转发量迅速飙至 3305 次。两个月后范冰冰接受采访时直呼"杜蕾斯比较狠"。2015 年 7 月 31 日 17 时 58 分，北京携手张家口获得 2022 年冬奥会举办权。1 分钟后，杜蕾斯官微做出反应：滑到家了。再次刷屏。

移动互联网时代是个既靠关键词又靠内容的时代，只有通过系列软文营销，效果才更好。玩微信的人都知道，好的软文或者故事营销，人们更乐意接受和分享转发。否则，即使靠上了热点事件、活动和名人效应，网友点开关键词进去，里面空洞，自然会立即关闭，这样也达不到宣传推广的目的，反而让人觉得这样的推广索然无味，且有些不地道。

所有的事情都讲究一个底线，不是所有的话题都适合追热点，不是所有的热点都可以消费，有些话题就不要轻易触碰。如政治话题，灾难话题等，这些话题公众情绪复杂，争议较大。如果轻易挑逗公众情绪，偷鸡不成反蚀把米倒也是小事，引火烧身、搬石头砸脚就不好玩了，小聪明反而会引来大麻烦。

如果实在要借势宣传，建议纯粹地表达，最多留个企业 Logo 就行，别恨不得把自己企业的二微码、电话、地址、老板头像都放上去，那样你认为真的好吗？

◄ 成功企业案例分析 ►

一、自媒体运营案例：鬼脚七

说起自媒体，大家一定对"鬼脚七"不陌生。因为微信自媒体账号售卖广告位，鬼脚七在 2013 年"双十一"当天文章的推荐广告位获得了单笔 7.8 万元的收入。

鬼脚七原名文德，前淘宝搜索负责人、阿里巴巴技术总监，长期专注于搜索引擎、电子商业，是业内活跃人士。后从阿里巴巴离职，专注于自媒体。他的影响力非同小可。个人拥有"粉丝"十几万，鬼脚七在微信文章后出售广告位，当时他在 29 家有意向的企业中筛选出 7 家，每家挂一天广告，连挂 7 天，收费是 2 万元每天，净挣 14 万元。从阿里巴巴正式离职，尝试通过打包投放广告的模式，分别在微博、微信、千牛三个平台投放小狗电器的广告，一天的收费是 5 万元。除了收广告费，鬼脚七的营收还包括出书、演讲、培训这几个部分。根据自媒体文章内容出版的图书已经卖出了 1 万多册。仅出书这一项每季盈利可超过 10 万元，这是未来鬼脚七另一个稳定的收入来源。培训这一块分为线上和线下，线上和知名电商合作，线下和培训机构合作。目前鬼脚七的自媒体"粉丝"主要包含三类人群：正在从事和对电商感兴趣的人；互联网从业者；大学生。

技术出身的鬼脚七对电商行业了如指掌，他分享的电商内容成为很多用户进入这一行业的学习材料；与"粉丝"交朋友是鬼脚七一直在做的事，他开设专门的板块回复"粉丝"的疑问并在微信上与他们互动；系列化的内容，让"粉丝"产生黏性，像看电视连续剧一般，让写作者也有清晰的逻辑可循，这优于很多盲目追热点的自媒体。

他的盈利模式以广告模式为主，配合出书、培训以及演讲。

鬼脚七说过，每个自媒体都是独立的个体，不仅是在内容上体现个性化，在盈利模式上也因人而异，罗辑思维收会员费固然好，但也许并不适合其他的自媒体，广告模式也是一种方式，出书演讲也是一种模式。

二、在线直播、视频类案例：Papi 酱

说起在线直播，目前以此为平台创业的自媒体人特别多，但最火的就是以"集才华与美貌于一身"自称的 Papi 酱。

在早期，Papi 酱的微博多为段子和视频动图，2015 年 7 月开始陆续发秒拍和小咖秀短视频，但都是相对常见的无厘头恶搞视频。过程中，她的风格不断更新，也始终保持着与"粉丝"的互动。"中国网"2016 年 7 月 11 日消息"Papi 酱首次百度视频直播火爆程度让网红望其项背"称：

2015 年 8 月，Papi 酱首次在个人微博上试水，发布了一系列秒拍视频，包括嘴对嘴小咖秀，台湾腔＋东北话；而后又推出了系列视频，如日本马桶盖、男女关系吐槽、烂片点评、上海话＋英语话等。

2015 年 10 月，她开始利用变音器发布原创短视频内容。在那之后，Papi 酱在各大内容平台的人气一路高涨，短短两个月内迅速积累了几百万"粉丝"。

微信朋友圈、微博、各大视频网站首页都会出现这个"集美貌与才华于

一身的女子"以及她的系列短视频。

另外，Papi酱短视频的推出通常紧跟一些新闻热点，例如《单身节前夕送给单身的你几句暖心话》、《你的爱豆脱单了吗?》、《喜迎双十一》都是在"双十一"前后推出。

在2016年1月，《2016微信公开课PRO版》刷爆朋友圈后，Papi酱也迅速发了一个关于微信的吐槽视频——《微信有时候真让我崩溃》。

2月6日春节来临时，Papi酱再次适时推出了《马上就要过春节了，你准备好了吗?》，吐槽春节期间"讨人嫌"的亲戚们。

截至2016年3月23日，Papi酱微博"粉丝"已超800万。在短视频社区美拍上短短7天，"粉丝"已经突破110万，Papi酱共发布了49个视频，获得了290万次的点赞，单条视频最高676.3万次播放，18万点赞。

这样的奇女子，其微博粉丝现已超过了1600万，其原创视频总播放量已经超过3亿次，单条视频最高播放量超过了2725万次，被称为"短视频女王"。

三、热点事件营销案例：刘强东和奶茶妹妹

京东CEO与奶茶妹妹的恋情被曝光之后，京东大叔向大众抛出"不希望被娱乐化"的言论，网友们为之疯狂，"赚了咱们的钱，还泡了咱们的女神"。相关新闻连续数日成为百度搜索的热点。虽然不断有解释京东刘强东绝无炒作之意的文章，但无论如何，这条新闻火了借势"创业"的媒体，更火了京东。

这不禁让我们想起了那一年，京东CEO刘强东燃起的"电商大战"，他通过一己之力，搅起电商界的血雨腥风，让店商市场硝烟四起。我不得不佩

服这些大佬们，"通过一条'惊天地泣鬼神'的微博，引起大家的围观。然后如剥洋葱般，一点一点地将大家的关注点引到自己的企业和产品上来"。京东爱情故事到底是不是炒作，只需看闹剧如何收场即可分辨。

京东霸道总裁刘强东与奶茶妹妹章泽天的爱情故事，每一个小细节都会引起朋友圈的疯传，赚足了网友的关注。不管是"领证门"、"结婚门"还是"孕照门"，可谓一波接着一波，活生生将电商圈玩成了娱乐圈。但是，多亏了媒体和网友们的关注，京东的股价在过去一年一直大涨。

通过京东公关团队设计的这一系列炒作事件，我们不难看出热点事件营销的三个要点：第一，事件炒作话题要具备全民性；第二，事件炒作话题要具备适度性；第三，事件炒作话题要具备持续性。

试想一下，如果没有奶茶妹妹的陪衬，刘强东能否从一个硬汉转化为痴情男？如果没有奶茶妹妹和刘强东一波三折的爱情故事，在不砸重金的情况下，京东以及刘强东本人的火热关注度能陆陆续续维持一两年？这就是企业事件营销套路！

【本章结语】

品牌的传播首先依赖于品牌在消费者心中的价值认同，其次才是品牌的传播渠道。品牌营销既要借力社会媒体又要构建自媒体矩阵，在传播和引导消费者的同时学会借视频营销、视觉营销和在线直播等现行营销手段以达到品牌的不断升级。同时把握品牌创新理念，学会借势造势以期达到品牌传播途径更广、受众更广的效果。打通了品牌这一关，我们下一步要考虑的就是如何通过合作达到共享共赢。

第三章
合作赢未来：一个好汉三个帮

重点内容

■ 群鱼吃大鱼时代需要打造团队
■ 搭销：渠道捆绑，联合作战
■ 借力营销：善用杠杆四两拨千斤
■ 外援+内部人才升级
■ 社群：协作、连接、互动、生态圈
■ 成功企业案例分析

◀ 群鱼吃大鱼时代需要打造团队 ▶

一个人干不过一个团队，一个团队干不过一个系统，一个系统干不过一个趋势。团队＋系统＋趋势＝成功。一个人可以走得很快，但一群人会走得更远！你能整合别人，说明你有能力；你被别人整合，说明你有价值。在这个年代，你既整合不了别人，也没人整合你，那说明你离理想中的自己还有很长的距离。如今早已不是大鱼吃小鱼的时代，而是群鱼吃大鱼的年代。

小米、腾讯、阿里巴巴之所以相继成长为市值超百亿美元、千亿美元的互联网公司，今日来看，一个共同点就是，都拥有最牛的合伙人团队。打造杰出的合伙团队真不是平常功夫，应当算是一种绝学。可以想象雷军当初为了这个合伙团队的组合见了多少人，谈了多少次，纠结了多少回。如今所有创业者面临的挑战是，在这个年代愿不愿意去用合伙团队创业？如何选择和放弃合伙人的获选人？一旦选择，有没有智慧去经营这个合伙人关系？

在构建强大团队的商业模式中，团队永远是绕不开的话题。做微商成功的人很多，做死的也不在少数。凡是那些微商做得很成功、产品好用又好卖的，无一不跟团队有关系。品牌、产品和团队，号称微商的三驾超级豪车。三驾豪车的核心在于团队，移动互联网的微商模式近两年获得高速发展，很多微商朋友从一个人发展到现在的一个团队，少则上百人、上千人，多则上万人，一时间涌现出一批明星微商团队。

不论是微商还是其他的移动互联网创业，都需要有一个团队，才能运作得更好。到底该如何打造一个团队呢？

一、招牌：给团队取一个响亮的名字

产品需要品牌，团队同样需要，所以我们应该给团队取一个好记、响亮、且有正能量的名称。团队名称要与产品和企业特色相符，要人家听到你的团队名称就能想到你的产品。

有了团队名称，方便传播，可以吸引更多优秀的人加入团队。比如你可以将你的品牌设计出来，做成旗帜和条幅，团队聚会或参加一些大型会议都可以亮出来，这可以起到多次传播的宣传作用。

二、领袖：要有一个有号召力的领头人

一个团队的领导人很重要，就像一个国家、一家公司一样，领导人决定了这个国家、这家公司的发展前景。作为团队的领导人，必须要有一定的号召力、影响力和感染力，必须要有出色的带头能力。下面的团队成员会以领导人为榜样，把领导人当作学习典范，并且是以绝对服从的心态跟从领导人。作为整个团队的灵魂和主心骨，如果领导人自己都没有做好，谈什么去带领大家，人家又凭什么跟着他？

三、造星：树立榜样，打造标杆

要在团队里塑造一些榜样和标杆出来，营造良性竞争的氛围，将整个团队盘活。就拿淘宝来说，每年的"双十一"，都会捧一些大的品牌，或者是一些新的品牌，把它们进行包装和神话化，这样就可以吸引更多的公司、更多的品牌加入。所以一旦团队里有一些代理做得非常好，或者进步非常快，

值得大家学习，一定要进行包装宣传。这样在内部之间既可以相互学习，也可以形成一股你追我赶的风气，对提升团队的竞争力大有帮助。

四、文化：团队发展不可或缺的催化剂

公司没有文化不叫公司，团队没有文化一样不成团队。所以我们认为，要想打造一支有战斗力的团队，必须要有文化。比如说团队口号、团队标语、团队聚会、团队精神、团队管理制度等。人不多的时候还好一点，人一旦多了就要用文化和制度去管理，这样才有效率，才有规范。

五、信念：建立坚不可摧的团队精神

不管是哪个团队，到了一定的时间就会疲乏，缺乏斗志，没有激情，所以我们要经常给团队打气，也就是我们常说的"打鸡血"，或者说是充电。这个绝对不是形式主义，而是很重要的策略。我们经常要组织会议分享团队的一些好消息，给团队成员传递正能量，刺激他们，让他们对团队，对产品有信心。俗话说"不怕万人阻挡，就怕自己投降"，如果一个人连信心都输了，那就彻底没救了！

六、机制：建立完善的激励机制

除了一些精神激励之外，还要有一些物质奖励，比如说送现金、手机，送旅游，每月有奖，每季度有奖，逢年过节发红包，团队成员生日、结婚发定向红包。这些激励政策要提前公布，到了一定的时间给予奖励，给每个级别的团队设定目标，制定计划，有奖有罚，这样团队才有激情。团队成员除了可以卖货赚钱之外，还可以得到其他的物质或精神奖励，是一件很开心的

事。由此可见，建立一套完善的激励机制非常必要。

俗话说"三个臭皮匠赛一个诸葛亮"。这说明思维碰撞可以产生火花，一个团队里，一个人的思维加上另一个人的思维，也许就会产生一个新的点子。毋庸置疑，一个"知识＋智慧＝财富"的财智时代已经向我们走来。单打独斗，永远只能赚小钱，如果想发展得更好，团队建设必不可少。

◀ 搭销：渠道捆绑，联合作战 ▶

搭销的另外一个名字叫关联销售或捆绑销售，是指两个或两个以上的品牌或公司在促销过程中进行合作，从而扩大它们的影响力。搭销作为一种跨行业和跨品牌的新型营销方式，开始被越来越多的企业重视和运用。尤其搭上互联网和移动互联网的快车，这种搭销和联合作战，更是大行其道。

一、渠道捆绑，联合作战

现如今，渠道捆绑，联合作战，成了很多企业热衷的营销模式。这种营销模式根据不同行业、不同产品、不同偏好的消费者具有的共性和联系，把一些原本毫不相干的元素进行融合、互相渗透，进而彰显出一种新锐的生活态度与审美方式，并赢得目标消费者的好感，使得各自的产品都得到最大化的营销。

例如，可口可乐公司与希捷航空公司的捆绑营销就是一个成功的例子。他们推出定制可口可乐就可以拿可乐罐当登机牌使用的活动。他们首先在机场内设置售卖机，让乘客分享给好友定制的可乐罐。同时，乘客自己也会收到一份可乐罐，神奇的是，这款可乐罐竟然可以用来当登机牌使用。希捷航空也会在座位上为用户送上一份定制的可乐。

可口可乐与航空公司看似是两种风马牛不相及的事物，却上演了一场完美的搭销合作，实现了两种品牌间元素的交叉融合。捆绑营销需要我们突破传统的思维方式与营销模式，找到两个品牌中的某个契合点。

"喝蒙牛赢取滴滴打车红包"的广告似乎一瞬间就在微信朋友圈刷屏了。蒙牛与滴滴打车，一个是极具市场号召力的乳业品牌，一个是用户数超过 1 亿、日订单量超过 500 万的移动出行信息平台，两者强强联手形成了 1 + 1 > 2 的跨界整合效应，不得不说是掀起了跨界合作的热潮。

再如，可口可乐与麦当劳、KFC 一直存在搭销关系。套餐中的可乐价格远远高于超市购买的可乐价格，我们在 KFC 和麦当劳买一杯可口可乐大概是 6 元，如果我们去超市买一大瓶才 6 元，大家好好想想，难道我们能说肯德基和麦当劳是骗子吗？明知道中间的价格有很大差异，仍然有许多用户愿意去买。这就是捆绑销售的秘密和魅力。

二、共生营销形式：捆绑式销售

时下，捆绑式销售在国内越来越被广泛重视和运用。捆绑式营销是共生营销的一种形式，它是指两个或者多个品牌处于平等的地位，互相推广，把整个市场做大，达到"1 + 1 > 2"的双赢效果。采取捆绑式销售的企业间往往具有互补性，可以给消费者带来最大的利益回报。通过捆绑式销售模式，企业之间可以分工协作，优势互补，形成更大的虚拟组织模式，提高企业的稳定性和抗风险能力。

◀ 借力营销：善用杠杆四两拨千斤 ▶

谈起零成本空手营销，我们很自然地会想到今日头条这个经典的借力营销案例。今日头条因不满搜狐自称"中国第一"、"用户量第一"，以虚假宣传为由将搜狐起诉，索赔10万元。今日头条称，搜狐长期在其客户端应用程序、电脑下载页面及宣传视频中以"中国第一的新闻客户端"、"用户量第一的新闻客户端"和"中国最大的移动媒体平台"自称和宣传其产品，而这并不属实。

今日头条和搜狐均为从事新闻客户端经营的营利性企业，相互之间存在竞争关系，而搜狐公然采用"中国第一"、"用户量第一"和"中国最大"等广告词语，不仅使消费者对搜狐的产品和服务产生误解，还在不适当地抬高自己的产品和服务的同时，客观上贬低了其他同行业经营者的产品和服务。所以，今日头条以搜狐违反《广告法》、存在不正当竞争，以及损害其和其他同行业经营者的合法权益为由，将搜狐告上法庭。

不明真相的人可能在看热闹，也有人会说今日头条犯得着吗，他们又不缺10万元。其实这是今日头条刻意要打的一场公关战，并且经过精心策划。借搜狐这家门户大站，行自己的营销目的，这也是今日头条的高明之处。

今日头条很清楚，大佬相争这种类型的新闻对于国内的媒体圈来说极具吸引力，果不其然，该事件获得了将近300多家网站和传统媒体的报道，其中不乏很多大型网站在首页报道该事件。今日头条没有花费多少钱，获得了近300家媒体的免费报道，还有数不清的自媒体及网友的评论，不仅博得了大量眼球，还间接提升了自己的形象，这就是借力营销的威力。

所谓借力营销，是指借助于外力或别人的优势资源实现自己制定的营销目标。借力是一种大智慧，是智者的行为。在古代，"草船借箭"和"借东风火烧赤壁"就是借力的完美典范；在现代，很多公司采用此种方式以达到销售目标，只不过借力的途径不同罢了。借力媒体，借力群众等，只要能借上，会营销，都是有智慧的人。

一、借媒体的力量传播

小米营销的成功，离不开媒体的宣传推广，离不开专家的唇枪舌剑，离不开网友的"不看门道看热闹"的心态。我们来细数小米如何借力媒体快速提升知名度。

小米科技先是召开新闻发布会，雷军向媒体公开小米科技的经营目标：做顶级的智能手机。一石激起千层浪，昔日金山公司掌门人情迷"智能手机"，一连串的疑问就此产生：雷军为什么要做手机？雷军有能力做最顶级的智能手机吗？小米手机到底是怎样的一部手机？发布会的宣传目的已经达到，因为它引来了关注，引来了疑问，同时也带来了期盼。由此，小米手机不停地给媒体制造悬念，一步步地吸引媒体跟进。从小米手机还是个理念时，它就已经成了"话题王"。媒体最喜欢有话题的故事，有争论的事件。而这一话题，从在门户网站开始到微博转发，传播速度相当快。雷军正是借助其190万"粉丝"大军的影响力在微博上透露媒体沟通会所用的PPT，使公众看到了小米手机的长相和模样。其传播效果也没有让雷军失望，仅单条微博就被转发了2000多次，评论近千次。

同时，此条信息的发布带动了其他媒体对小米手机的讨论，例如，论坛、门户网站等媒体纷纷加入到小米手机的讨论行列，使小米手机一时间成为关注的热点。在讨论过程中，产生了新的兴趣和疑问：小米手机的具体硬件参数、定价和销售模式是怎样的呢？

二、借客户和"粉丝"的力量传播

借客户和"粉丝"的力量传播，这也是小米手机成功的关键。从米聊的推出，到小米手机的推出，雷军总是广开言路，积极与"米粉"互动，而"米粉"也在相应的激励与鼓动下，积极互动，提出相应的产品改善建议。现在有近200万的"米粉"正在积极地参与小米事业的建设。可见雷军是聪明地取材于民。

小米同城会，是小米公司非常好的口碑宣传驱动力。相继开展的小米同城会，不仅为小米公司维护了客户关系，提高了用户的黏性，增强了品牌的凝聚力，还为小米公司下一步的营销提供了免费的宣传。

通过以上两个比较出名的案例分析，我们可以得出结论：想把企业做大做盈利，个人的力量毕竟有限，而别人的力量和资源是无限的。我们只有学会借力别人的资源，才能不断放大自己的成功。

◀ 外援 + 内部人才升级 ▶

在微创业时代，也许很多人会认为做得好与不好，产品质量一定是关键。这点没错，但保证产品质量的关键是人才。如今是一个酒香也怕巷子深的年代，如果企业的产品没有人帮忙宣传，企业的内部人才管理没有做到位，即使有很好的产品，也不一定能卖得好。

随着移动互联网的发展而产生的微商业模式，其本质不是产品竞争，不是价格的竞争，也不是服务的竞争，而是人才的竞争。团队竞争需要人才，那么企业竞争也就是人才竞争。产品是谁设计出来的？是人。价格是谁定的？是人。服务怎么完善，是谁在做？还是人。

所以，人才到了移动互联网时代，越发凸显出其价值。

在移动互联网时代，商业竞争更依赖人才。那如何选人、用人、管理人呢？现归纳移动互联网时代组织变革的几条规则如下。

一、选一个对的人，进行培养

只选对的人意味着只选择优秀的人，只选择紧跟趋势的人。小米现在已经是名列全球第三的手机通信公司，一个主要原因是雷军花了80%的时间在找对的人上。认同公司的理念和文化，有能力积极融入团队，同时还追随趋势、力求革新的人才，也就是对的人才。企业应该找准这样的人才，并对其进行培养。

二、做引领者，而不是管理者

移动互联网时代的领导者必须同时具备管理和执行的能力，光发号施令让别人卖命已经不好使了，领导应该既是管理者，又是执行者。领导想出的创意和点子，自己也必须能完成，而不单单等着别人来完成。要把人员管理嵌入业务管理，把内部沟通融于外部沟通，把所有的管理、文化、价值观、视觉享受都融于一件事：做出让用户尖叫的产品。让产品成为引领、激励和衡量一切事务的方向标。于是通常意义上的"管理"消失了！传统企业的领导多是高高在上地向员工发号施令，这样从一开始就不可能让员工形成良好的工作体验，更别说战斗体验。只有领导和员工齐心协力，手牵手、肩并肩，才能形成最为有效的战斗力。移动互联网推动组织架构扁平化，最直接的体现是领导和员工合二为一、休戚与共，从而产生更大的能量和进取心。

三、没有等级制度的精英小团队

小米是怎么做的？去 KPI，去销售佣金，去绩效评估，而只保留两个本质目标：用户是否为新产品尖叫；用户是否愿意推荐给朋友。同时小米的管理层超级扁平化。合伙人都是"项目组负责人"，三个级别，不管多大的腕都是工程师。

韩国版微信 KakaoTalk 成立四年来，共开发和推广了 52 款智能手机服务，但最终由一支四人团队完成了 KakaoTalk 开发，用时仅为两个月。WhatsApp 创始人说："打造一个伟大的公司，你只需要 55 个人就够了。"可见地位平等、技术先进的精英小团队是移动互联网时代企业取胜的关键。

四、巧用饥饿感激发团队动力

有这样一个段子：一家奇葩的网络公司，五点半下班，六点半才有公司班车，没人逼你加班，但是为了能体面地坐着一人一座的大巴回家，大家愿意主动加班一小时。六点半准备坐班车时，就会想起另一条制度：八点钟有东来顺的工作餐——花样多，管饱，有水果。想想坐班车回家还得自己做饭，那就再主动加班一小时，吃了工作餐再回家。八点钟吃完工作餐准备回家，又想起一条公司制度：十点钟以后打车报销。一天干了十几个小时，谁还有力气挤公交？那就再主动加班两小时呗。这个公司讲人性，从不逼着员工加班。

干到晚上十点，打车回家。也算是员工有情、公司有意吧。可是好景不长，2010 年来了一个懂技术的 Leader，让人开发了一个拼车系统，把员工住址和值班排期输进去，系统就会给你出一套拼车方案，告诉你几点几分打车去你附近的某某小区接某某同事。这套系统效果相当牛，一个月就给公司省了几十万元的打车费，还把好多单身员工拼成了夫妻。

段子虽然有逗乐的成分，但这家公司激励员工的形象立体而且真实。

企业要系统运用多种激励手段，诸如精神激励、薪酬激励、荣誉激励、工作激励，使激励制度规范化且相对固定化，让员工的饥饿感始终存在甚至扩大。人性化的激励机制是可以不断引发员工的饥饿感，同时让良好的激励效果来得理所当然。

移动互联网时代，不缺人，缺人才，而且人才流动过速。这也提高了企业对于人才的需求和培养人才的难度。企业只有做到薪酬合理，福利优厚，给员工创造更多发展机会才能留住人才。这也是每个创业者需要不断学习和改进的地方。

◀ 社群：协作、连接、互动、生态圈 ▶

一、什么是真正的社群

说起社群，估计大家立刻会想起自己的手机里有很多的群。那么，所有的"群"都能叫社群吗？比如，家人的群，公司同事的群，以及卖产品和服务的公司拉你加入的群，这种算不算社群？在我看来，都不能算严格意义上的社群，这些应该叫没有互动的死群。因为，这种群你进是进去了，但不知道怎么跟群里的人互动，久而久之群里就没人讲话，于是这个群也就变成死群了。

所以，真正的社群是群成员基于兴趣、价值观、信仰而聚合在一起的小组织，他们并非因一场活动或一款产品而被硬性拉进群里。

二、兴趣社群更注重群体的力量

以前的论坛、贴吧、豆瓣便是兴趣社群最好的载体，这些有共同兴趣、爱好、话题的人聚集在一起自由地交流，分享彼此对某一事物的看法，从而利用口碑效应改变一批人的消费行为。今天，大家的消费是分等级的。相同层次的人可以玩在一起，可以买相同品牌、相同价位的产品，但是不同层次的人就很难玩到一起。大家在购买产品时不再是基于功能性而消费，而大多数是基于某一场景下的消费，于是就出现了精准营销。精准营销就是某个产品特定为某一类人设计的，其他人不是目标用户。而社群要解决的就是我们需要的目标用户，使这些人跟我们协作、连接，进而互动，最终形成营销消费的良性循环。

伏牛堂在刚开始的时候，就在群里问大家喜欢什么口味的辣粉？有的说大众一点，不要太小众；有的说还不够辣。老板说当时他看了两派意见，没办法决策。早期开业的时候，伏牛堂30平方米的小店，三个人，一天下来最多赚3万多元。偶然的一个机会，有一天早上，老板没睡好，错放了辣椒粉，当晚大众点评减少了差评，第二天他放了更多的辣，好评更多，很多人说确实正宗，就是太辣了，还说要带身边的湖南朋友过来。一位东北的大哥第一次吃了掩面而逃，但他一次又一次地来吃，而且还带其他朋友来。于是，慢慢就有一帮人成了伏牛堂的忠实"粉丝"，还建立起了社群，这个社群的基础就是群成员都"好这一口"。

三、互动是保持社群活力的根本

社群的成员都是先有了相同的爱好和价值观，才能有后续的协作和连接。但真正让社群不断壮大并保持活力的是互动。互动是保持线上活动与线下活动节奏统一的途径，如果社群只有线上活动，大家线下没见过面，这是非常糟糕的事情，因为没有亲切感大家就会慢慢淡下去。但是只有线下活动的话，成本会很高。最好的状态就是线上与线下结合，比如一周左右有线上的分享，两周左右就要有线下的活动。

有一个在韩国留学的女孩，在韩国学会了化妆品销售技巧，回国以后她凭着自己的专业知识，开始创办了一个高端私人定制的化妆品品牌，提供从生产加工到销售"一条龙"服务的个人企业。最初，她花了很多的精力投入广告和推广，但两年下来，生意并没有想象中的好做。虽然她也建了不少 QQ 群，在天涯社区也开帖，各种能网罗"粉丝"的事情都积极去做，但依然没能收到很好的效果。在开始接触微商的时候，移动互联网营销要比 PC 端淘宝这种销售更有黏性，她开始重新定位自己的社群。她开始意识到，产品说得再好听，广告打得再响，没有口碑宣传也起不了多大的作用。她开始在周围拓展朋友，她分享的内容给朋友们传递的都是正能量，积极的东西，慢慢地，这类朋友跟她互动多了起来。后来，有几个她认为不错的人，做起了她的代理商并接受她的统一培训。再后来，第一批做她代理商的朋友，成了区域代理，她的产品已经卖向全国，而且盈利是以前的好几倍。她的社群靠的是共同的爱好和价值观，以及朋友之间的口口相传。她社群里的人都是 25～35 岁的已婚女士和妈妈们，在交流育儿心得和家庭纷争方面，互相都能产生共鸣。她们还不定期举行线下沙龙，妈妈宝宝亲子活动等。她的社群越做越好，黏性越来越大。直接带来的经济利益就是她的产品销量一直很稳定。

这个女孩最后不仅卖了自己的产品，由她带动的社群，还一起组建了户外旅游驴友团、自驾团，其中参与社群的其他成员，有的卖鸭脖子，有的做亲子教育，有了互动和相互了解，其他人也在社群里获利，形成了良性的生态圈，互惠互利。

无论是过去的短信群发和会员卡，还是立足于社交工具的社群，对于企业来说最终的目的是培养自己的忠实用户，是把自己的品牌形象持续注入到用户的脑海里。让用户在想起一个产品或行业的时候，立刻就会想到自己的企业，通过这样一种方式稳定拉升自己的产品销量。

从企业的角度而言，社群其实是在谋求一个长尾的市场，希望能够通过这种方式将用户的生活与自己的产品进行捆绑，并借助用户的分享把自己的信息传播出去。社群理论可以看作"1000 个粉丝"理论的泛化升级，两者都是通过培养忠实的粉丝用户，然后对用户的二三级人脉进行渗透吸引。

　　一个成熟的社群是自带话题的，企业的每一次产品变动及公司变化，都会引发用户的讨论和传播。而优质的社群则是自带话题传播性的，它可以帮企业吸引到精准的消费用户。

◀ 成功企业案例分析 ▶

一、创业班子建设的典范：新东方

俞敏洪在很多演讲现场都讲过他自己的团队建设故事。他说，从新东方最早的核心成员加盟的过程中，他发现靠利益吸引人是很难的，而价值观和创业愿景，以及对于彼此的尊重才是最大的吸引力。以下是俞敏洪的精彩叙述：

我喜欢跟一批人干活，不喜欢一个人干。创业初期，环顾周围的老师和工作人员，能够成为我的合作者的几乎没有，看来合作者只能是我大学的同学。我就到美国去了，跟他们聊天，刚开始他们都不愿意回来。当时王强在贝尔实验室工作，年薪8万美元，他一个问题就把我问住了："老俞，我现在的年薪相当于60万元，回去了你能给我开60万元的工资吗？另外你给我60万元，跟在美国赚的钱一样，我值得回去吗？"当时新东方一年的利润也就是一百多万，全给他是不太可能的。

两个因素导致他们都回来了。第一，我在北大的时候，是北大最没出息的男生之一。我在北大四年什么风头都没有出过，普通话不会说，考试也不好，还得了肺结核，有很多女生直到毕业还不知道我的名字。我去美国时中国还没有信用卡，带的是大把的美元现钞。大家觉得俞敏洪在我们班这么没出息，在美国能花大把大把的钱，要我们回去还得了吗？因为他们都觉得比我厉害。我用的第二个方法，就是告诉他们："如果跟我回去，我绝对不雇用大家，我也没有资格，因为你们在大学是我的班长，又是我的团支部书记，实在不济的还睡在我上铺，也是我的领导。中国的教育市场是很大的，我们一人做一块，依托在新东方下，凡是你们那一块做出来的，我一分钱不要，你们全拿走。你们不需要办学执照，启动资金我提供，房子我来帮你们租，只要付完老师工资、房租以后，剩下的钱全拿走，我一分钱不要。"他们问："你自己一年有多少总收入？""500万。"他们说："如果你能做到500万，我们回去1000万。"我说："你们肯定不止1000万，你们的才能是我的十倍以上。"我心里想到底谁能赚1000万还不知道呢！就这样，我把他们忽悠回来，到2003年新东方股份结构改变之前，每个人都是骑破自行车干活。第一年回来只拿到5万、10万，到2010年每个人都有上百万、几百万的收入。所以大家回来干得很好、很开心。因为是朋友，大家一起干，要不然一上来就要确定非常好的现代化结构。但是在当时我根本不懂。我这个人最不愿意发生利益冲突，所以就有了"包产到户"的模式，朋友合伙，成本分摊，剩下的全是你的。

公司发展的三大关键点，第一是治理结构，公司发展的时候一定要有良好的治理结构；第二是要进行品牌建设，品牌建设不到位的话，公司是不可能持续发展的；第三是利益分配机制一定要完整，到第三步不进行分配是不可能的，人才越聚越多，怎么可能不进行分配呢！

二、创业应有的状态和精神：马云的十八罗汉

马云创业之初，就在杭州西部一个普通的居民区，一套150平方米、四室一厅的房子里。这里是马云的家，也是他们团队"十八罗汉"每天奋斗工

作的地方。每人每月 500 块钱工资，日子过得很拮据。但是后来据他们团队的成员回忆，"大家真的很开心，所有人一门心思就想着做事"。

不顾一切，一时看不到希望，却乐在其中，相信未来。这就是创业应有的状态和精神。

1999 年 2 月 21 日，阿里巴巴第一次员工大会，也是一次创始人大会。马云慷慨激昂地抛出他的梦想——不做门户，也不做 B2C，就做面对中小企业的 B2B。与会者集体沉默，然后是激烈地争执。失落、迷茫、犹疑……让两个多小时的会议气氛凝重。会上，马云为另外 17 个人描绘了美好的未来，"未来三五年内阿里巴巴一旦上市，我们每一个人所付出的所有代价都会得到回报，那时候我们得到的不仅是这套房子，而是 30 套这样的房子！"这套房子当时大概价值 25 万，30 个 25 万元对这些"穷困潦倒"的年轻人充满了诱惑。

时值互联网寒冬，18 个人关于阿里巴巴的商业模式做了无数次争论。师昱峰说，"当时不敢想未来，只相信马云，相信他说的每一句话"，为工作上的分歧，他们吵过、哭过，互相不理睬，甚至不在一起吃饭，"但过几天大家又好了"。

师昱峰和另外两个人负责阿里巴巴所有技术工作，没有严格的管理制度，也没有严格的工作流程，自由讨论，平等决策。"决定页面时，彻夜不停地讨论；设计 Logo 时，争论过 20 几个方案。"

在马云人生最大幸运星——蔡崇信的帮助下，阿里巴巴在 2000 年分两次拿到了孙正义等投资的 2500 万美元，"十八罗汉"这才告别了湖畔花园。当时互联网形势不容乐观，资本寒冬和市场寒冬双双侵袭着这个草根创业团队。

看似风风火火的阿里巴巴在寒冬里举步维艰。更可怕的是，曾经朝夕相处、患难与共的团队开始内耗。拿到投资后,从草莽到正规军,阿里巴巴开始公司正规化建设。"十八罗汉"中,第一批有三个人提干,于是成了四个官,14 个兵。再加上公司大了,人员多了,"十八罗汉"很少有机会见面沟通——误解和矛盾越积越多。终于有一天,其他创始人联合写了一封长信给马云。大概是说对现状很不满,对某些人做事的方法有意见,想要退出离开。

第二天傍晚,马云紧急召集"十八罗汉"开会,关上门,他严肃地说:"这是一次批判会,今天大家不用回去了,既然你们有那么多怨恨,现在当事人都在,都说出来,一个个骂过来,想哭就哭,所有事都摊在桌面上,不摊完别走!"

"批判会"从晚上九点多开到凌晨五点多,许多人痛哭失声,甚至有人提出离开。马云这个时候说:"同事之间、团队之间,提倡开诚布公,提倡有话直说,提倡面对面解决问题,提倡用男人的方式解决问题。不搞阴谋,不搞小动作,不搞背后串联,不搞拉帮结派,不搞小集团、小宗派、小山头。没想清楚就继续想,想清楚了就回去干活!"

马云这席话,后来升华为阿里巴巴九大价值观之一。有这样的"教父",这样的团队,谁真正想离开?

——本案例根据 2016 年 3 月 16 日"腾讯财经"《创业初期马云这样简单粗暴地处理团队内耗!》改编。

三、"成功者的错误":开心网团队不开心

"偷菜"游戏曾风靡一时。人们以为这家公司能做到风生水起,如日中天。没想到,2016 年 7 月 20 日,开心网宣布将自己卖给了 A 股上市公司赛为智能。就在消息公开的第二天,开心网创始人程炳皓宣布离职。随后,程

炳皓在自己的微信公众号上发布文章，描述了自己在开心网的这八年，以及对业务的思考，包括对抗假开心网、与微博微信竞争、"偷菜"等游戏的生命周期等。

开心网的失败案例，正好给了我们一个警示，任何一个创业团队，有辉煌的，但更多的是失败。我们只有在失败中吸取经验和教训，才能更好地应对风险。

以下是程炳皓公开信全文：

2008 年我和几位新浪的同事创办开心网（北京开心人信息技术有限公司），到现在（2016 年）我离开，一共八年，这是我对自己八年的总结和告别。

开心网最辉煌的时候，已经被无数次解读（包括我自己的解读），我这里主要从不辉煌角度解读。很多人认为开心网有机会成为一家超级互联网公司，但是令我愧对投资人与员工的是，开心网从 2010 年用户活跃度就开始下滑，最后转型成为一家手机游戏公司，不再是一家平台公司，2015 年开心人公司利润有大几千万元，这是开心人聪明和奋斗的结晶，但是确实离 2009 年看到的"最好的可能"相去甚远。为什么？

我创业前没有全面统管过一条业务线，主要从事产品和技术管理工作，对于销售、市场、投融资、公司战略、公司治理、财务、法律，没有实际经验，有媒体评论说我"不够商务"。

没有重点管理过非产品技术类人员，比如销售、市场、业务拓展，这些人员的管理与技术人员完全不同，对我来讲有一个学习过程。我喜欢给自己设定过高的目标。没有困难创造困难也要上。典型的工程师完美主义者天性，使我对于不熟悉的领域，条件不确定的事情偏保守。我本性情商很低，也不喜欢合作，更喜欢完全掌控地完成一件事，不喜欢谈判，不喜欢参加各种会议，也许我是轻度的"社交恐惧症"患者。

我们的游戏，用户上开心网的主要目的是偷菜，上来后，因为我们在feed流里面强推社交信息（照片、日记等），用户也被朋友的照片、日记吸引，去参与评论。

但是，当用户已经不想去偷菜的时候，一个人的熟人朋友数目有限，产生的内容和互动数量也越来越少。当时主要还是电脑上网，用户开始缺乏动力去频繁打开开心网去查看是否有朋友的新消息。更糟糕的情况是：老朋友在网上刚见到的惊喜也已经过去，不在一起工作生活的朋友缺乏持久的话题，同事和上司的存在又有一种无形的限制。这可能就是开心网的另一个"命门"。

综上，如果以上分析成立，那么虽然开心网 2008～2009 年如烈火烹油，红得发紫，但其实产品中潜藏着巨大危机，而且微博已经在抢我们的用户，那时移动互联网也刚刚开始，用户在未来几年全都要换成移动设备，他在 PC 上使用的网站不一定能延续到手机上，所以留给我们的时间并不多，我们必须要有更多的创新，而且要快，一刻也不能停留。

但这是现在从上帝视角看过去的结论，在各种事情纵横交错之时，我们并没有看得这么清晰，而且，我们犯了"成功者的错误"，这些错误其实我自己创业前经常批评别人，但是轮到自己，一点没有进步。这也是我给未来创业者的一点忠告。

——本案例根据 2016 年 7 月 27 日"励志网"《开心网倒闭变卖，创始人反思》改编。

【本章结语】

　　这是一个合作共享共赢的时代，闭门造车、单打独斗已经吃不开了。办企业做营销，光会钓鱼不够，还要学会建好鱼塘，把目标鱼群引流进来，无论是渠道捆绑式的搭销，还是零成本创业的借力营销，只有增加外援并加大内部人才的升级才会使企业稳定发展。有好的合作才能赢得未来。一个好汉不仅需要三个帮，还需要一个创新的商业模式。

第四章
创新商业模式

重点内容

- 关联商家之商家联盟
- 让客户变成伙伴：会员、微分销
- 众筹模式：筹钱、筹人、筹资源
- 创新 O2O 模式：线上线下互动
- 资本运营：搭顺风车、走快车道
- 成功企业案例分析

◀ 关联商家之商家联盟 ▶

一、商业联盟：诚信共赢，渡危寻机

　　商场上风云瞬变，竞争感、危机感无时无刻不在敲打着每位商家的神经。所谓商场如战场，孤军奋战难免势单力薄，单打独斗总容易遭遇腹背受敌的窘境。多一个朋友总比多一个敌人好，选择合适的商家结成联盟才能共存共赢。

　　选择合作的对象，抓住合作的机遇，通过诚信共赢商业联盟达到珠联璧合，实现互利共赢，将会成为一种创新的商业模式。商家联盟，既实现了利益共享，还能实现顺销，不仅有利于提高商家的核心竞争力，更有利于商家的持续发展，做大做强！企业利用联盟模式营销，可借网络优势，突破传统商业模式的桎梏，增强竞争力，在金融危机面前渡危寻机并在未来的商业发展中找寻更多的商机。

　　随着商业的发展，市场竞争越来越激烈，可谓白热化。大品牌、大商家逐渐形成垄断市场的格局，各个行业都是如此。第一品牌和第二品牌主宰着整个行业，不可一世。大量的小商家、小企业、小品牌的生存受到巨大威胁。为了打破这种局面，小商家、小企业必须联合起来，结成商业联盟，积众弱为强，共同对抗大品牌、大商家的冲击。

二、商业联盟的成功实践：美容院 + 酒店

我们一起分析一个商业联盟的案例：美容院 + 酒店。

某美容院在县城小有名气，不论店内环境设施还是技术服务都在当地属一流。但经营了快一年，店主发现居然没赚什么钱，期间虽然不断加大投入，但客人也未见有明显增长。要赚钱，首先要有客源，无法解决倍增客源的问题，让店主困惑不已。于是店主开始通过寻找异业结盟来搭建客源与美容院之间的桥梁。

在准备阶段，美容院主要做了四项工作：

一是制作了一套精美的美容院画册。画册图文并茂，内容翔实，包括美容院简介、经营者简介、服务项目、硬件设备、店内环境、美容师资质、经营品牌、收费水平、顾客结构层次及消费水平、在区域内的影响力等，尽可能地表述了自身的资源优势。

二是绘制了详细的"区域资源地图"，即以美容院为圆心，以 500 米、1000 米、2000 米为半径画图。在地图上按实际位置分布标示主要街道及一些主要企业，如珠宝首饰店、医院、银行、酒店、健身中心、百货超市、婚纱影楼、保险公司等，对之进行一一分析，并做好每个单位的资料档案。

三是根据资源地图，参照美容院自身实力情况、区域覆盖力、院内顾客情况以及与本院的关联性，筛选准备结盟的目标客户，同时按照重要程度和可行性对目标客户进行了分级，制作了拜访的时间表。

四是结合目标客户的不同特点，找到关键人物以及相应的中间人，制订了不同策略的洽谈方案。经过详细考察后，美容院找到了当地最大的一家餐饮企业——格力大酒店，通过中间人牵线、双方沟通互访以及给酒店女性高

层赠送 VIP 年卡后，双方达成了结盟共识。

在实施阶段，美容院采取了具体措施。美容院之所以和酒店结盟，主要是想以"他山之石"来攻"玉"，借助酒店在县里良好的名望和影响力达到宣传自身的目的，同时还可以分享其资源平台，吸纳新客源。而酒店看中的是美容院顾客群体中的一部分政府官员，以及双方合作后的宣传炒作。其具体实施方案如下：

一是 VIP 贵宾卡的互通。持美容院的 VIP 卡可在酒店享受 9 折优惠，特价菜、包席和酒水除外；持酒店的 VIP 卡可在美容院享受 8 折优惠，特价项目和购买产品除外。VIP 卡的互通搭建了双方最基本的资源平台。

二是宣传推广方面。"造势"有时候比做事更重要，尤其在县城里，结盟对双方来说都是一个可以炒作的宣传热点，于是双方联手推出了一系列的宣传活动。由于费用共摊，效用共享，所以花费不多，而且影响较大。具体做法是：①共同出资在县电视台做了一个月的电视广告，发布结盟信息。②双方在各自的门口都挂上了联盟企业的牌匾；印制了一批 DM 单，宣传双方为此次结盟活动而推出的一系列优惠活动，由酒店负责派专人在全县派发。③酒店在门口广告栏中给美容院一个专栏，允许其建立美容专版，可以发布有关饮食与美容、保健与养生的知识软文以及美容院的简介和动态信息等；作为回报，美容院在本院临街门面前为酒店也做了一个形象路牌广告。这样互为宣传窗口，扩大了宣传面，大大促进了客源之间的流动。④美容院协助酒店创办了《健康美食》月报，倡导绿色美食、营养美食和健康美食。而在月报中，美容院专设的"饮食与美容"专家讲座栏目则深受女性食客的欢迎，大大提高了双方的口碑。⑤美容院给酒店提供了一份美容菜谱，由酒店负责学会制作。依据此美容菜谱，美容院用高档的彩色铜版纸印刷制作了专门的"美颜菜单"，单独附在酒店的原菜单后面，包括美容菜品、美容靓汤、滋补粥品和美颜茶品四大类，既有精美图样，还详细介绍了每种美食的美容功效。比较巧妙的是，在该菜单的眉脚处用阴影标注"以上美容食谱由美容院荣誉提供"的字样，这样既没有喧宾夺主，又抓住了女性顾客注意细节的心理。由于在饭桌上女性通常都是优先点菜，容易先看到色彩艳丽的菜单，又是礼节上的被照顾方，所以只要有女性顾客的酒席，大多会点几个美容菜肴。这样精心的设计，很好地把握了消费者心理，不仅给酒店创造了新的利润增长点，也更显著提升了美容院的美誉度。

三是联合推广美容食疗节。美容菜单的推出在当地的餐饮界和美容界反响很大。于是双方借势发力，又策划了当地第一届美容食疗节，以"健康的美食创造美"为主题，弘扬饮食与美容的交融文化，将此次结盟活动推向了高潮。经媒体大力宣传后，美容院声望大涨，扩大了其当地美容业的影响力，更赢得了美容行业中竞争对手的尊重。

四是联合促销活动的推广。通过美容食疗节，美容院和酒店开展了一系列的联合促销活动，如兑换券的互通使用。顾客在酒店消费100元，均可获赠美容院的30元美容现金券；同样在美容院消费100元，也可获赠酒店的20元现金券。双方为此制作了专门的现金兑换券，制订了详细的兑换制度。这样的促销活动让客人觉得新颖又实惠，双方都达到了促销目的。美容院一时间增加了不少新客人，而新客人在体验了美容院的服务后，很多办了卡成为稳定顾客。而且，酒店在店内促销抽奖和老客户的答谢礼品中都使用了美容院的产品和服务，双方也是各取所需，酒店节约了成本，美容院也提高了销量，获得了客源。

就商业联盟本身而言，我们所见的失败案例也不少，往往由于联盟间成员只顾自己不管他人，导致联盟出现了实质上的联而不盟。所以，对于商业联盟，我认为应当真正建立起紧密的关联关系，从根本上保证行动的一致性，这样方能取得最后的成功，真盟才能赢长远利益，真盟才可以获得未来天下！

◀ 让客户变成伙伴：会员、微分销 ▶

一、同频：用忠诚消费者来代言

真正懂营销的人都知道，卖产品是第一重境界，卖服务是第二重境界，卖产品的价值才是最高的境界。也就是说，消费者会真正关心产品本身，但他们更关心的是产品所能提供的价值，能解决什么问题。这就是为什么企业需要做一些宣传展示。而且宣传能向消费者传达最重要的信息——我们的产品可以很好地帮你解决你想要解决的问题。

所以，不要仅使用一些大牌明星，将聚光灯聚焦在产品本身，尝试一下用忠诚消费者来代言，将宣传的焦点聚集在他们对于产品体验的积极反馈上，这样会有出奇的效果。因为人们更愿意相信普通人的使用感受，相信身边亲朋好友的推荐，没有什么比贴近生活的代言更加深入人心。忠实客户就是最好的代言人，企业不必再为那些明星支付巨额的代言费，就可以轻松赚到非常高的人气，这对于中小企业来说无疑是个好办法。

例如，雪佛兰公司采访了一个对雪佛兰汽车有极大热情和兴趣的普通人，过后，他们把采访录像发给参与者，但没有要求他为雪佛兰做什么。一个普通人受到如此重视，自然是非常兴奋，于是他自发地把视频放到了不同的社交平台上，在很短的时间内播放量就超过了 1.2 万次，不到一个月，他就在汽车迷圈子中积累了不少名气，可想而知这对雪佛兰汽车的形象宣传有多大作用。

把客户变成"粉丝"和合作伙伴，从而让他们替我们的产品去现身说法，这将比请一个大牌明星更得人心，更能得到消费者的认同，对产品的宣传和推广也大有裨益。所以，维护客户，并将其变成伙伴，才是重中之重。

二、身份转换：让客户变成伙伴

巴菲特曾在演讲中说过：几乎每个创业者都希望有一面魔镜，能告诉他们获得成功的秘诀。每天早晨，当你起床后照镜子时，在镜子上写下——可以直接用口红或是任何能写字的东西——"让我的客户欣喜"。不是"让我的客户满意"，而是"让我的客户欣喜"。产品能让客户感到欣喜的企业，相当于拥有了一个免费的销售团队。你看不见他们，但他们却无时无刻不在替你宣传。你的客户会去投票，去交流，如果你令他们喜悦，他们在外面就像你的推销员一样。如果你做到了这一点，成功也就不远了。

要让你的客户爱上你，爱上你的产品，那么就要做出超过客户预期的产品或服务。同时，为了让你的"粉丝"热情更加高涨、引人关注，你必须好好爱护他们。网站应该专门为"粉丝"设计一个展示页，精心安排一些内容陈列顾客的满意感受、反馈，甚至包括一些短视频、"粉丝"的感谢信等。总之，要让你的客户觉得自己被重视、被珍惜，购买你的产品会有一种优待感，从而产生一种在别的商家那里感受不到的优越感。

不要轻视设置"粉丝"展示页这个简单的举措，一个好的展示页，就如一张精心制作的名片，通过社交网络的不断分享和传播，人们会主动地来向你"要"名片，来了解你的品牌，这比到处去打广告、发名片有效得多。好的展示页，会让顾客自然而然帮你传播，这便是品牌传播渠道的一个有力延伸，也是线下到线上的无缝对接。

那么如何维护客户并使其变成伙伴呢？客户在买了产品后会有三种反应：一是分享，如果他认为产品很好，很满意，就会推荐朋友购买。二是回购，回来继续购买该产品或关联产品。三是流失，对所购买的产品或服务不满意，最后流失了。

想要让客户转化成"粉丝"，必须先了解客户转化过程。客户发展的基本经历是：潜客户—新客户—老客户—流失客户—忠诚客户—粉丝—分销商。

具体建议是：第一，统计分析。了解客户回购周期、客单价、回购频次等信息，以便制定后期策略。第二，产品周期营销。区分清楚购买期、使用期、结束期、重购期，在购买期做好体验服务，及时跟进客户，提醒客户二次回购或者给客户促销优惠等。第三，会员生命周期维护。这方面大家做得比较多的应该是定期的朋友圈分享和一些促销活动，给一些不了解系统的用户多一些了解的机会，一方面学习其他老板的成功经验，另一方面客户之间还可以进行沟通交流，分享自己体验运营系统的心得。

当我们看到朋友们分享某些优质品牌时，会觉得他们很有说服力。那我们自己的品牌口碑怎么样呢？值得人们去传播吗？这就要求我们在做好产品质量的同时，通过各种激励方式激励消费者为我们的品牌做宣传。

总之，消费者是想要从他们信任的企业那里购得值得信赖的产品的，而我们就要尽最大努力服务好这些顾客。

◀ 众筹模式：筹钱、筹人、筹资源 ▶

一、众筹的魅力：筹钱、筹人、筹资源

众筹最初是艰难奋斗的艺术家们为创作筹措资金的一个手段，现已演变成初创企业和个人为自己的项目争取资金、点子或人脉的一个渠道。众筹网站使任何有创意的人都能够向几乎完全陌生的人筹集资金，消除了从传统投资者和机构融资筹资的许多障碍。

当下融资的渠道和工具越来越多了，例如众筹网、京东众筹、淘宝众筹、点名时间，还有全球性的 AngelList、Kickstarter、FundersClub、Wefunder 等。这些众筹网站可以用来发布产品、开启产品预售以及寻找风险投资。我们看一个创业众筹的案例：

小楚大学专业是电子商务，毕业后，他想在自己家乡（一个二线城市）开一个互联网众筹酒吧。因为像他这个年龄的小伙子，大多都有一点文艺情结，一生有两个梦想：一场说走就走的旅行，一个属于自己的酒吧。

小楚一直梦想着开一个属于自己的小酒吧，于是，他在大学毕业之初开始接触并参与一些酒吧的业务。但是他工作单位周边的这些酒吧生意普遍不景气，很多转让。经验告诉他，应该结合自己的专长做一家有特色的酒吧。但是手头资金又不是非常宽裕，所以他想到了众筹。他在朋友圈发起众筹后，短短两周内就有近 40 名股东入股，每股 5000 元，股东出资 5000 元到 2 万元

不等，最终筹集到近 30 万元资金。

这些股东大部分都是跟他年龄差不多的人，除了出钱，还提供酒吧的各种装饰用品，股东还实行轮班制，保证和体现了股东的主人翁地位。股东的朋友要是来店里消费，还可以获得以股东名义相赠的礼品，这样能保证一定的客源。

就这样，通过众筹，小楚空手创业之初就筹到了钱和资源，甚至还有潜在的客源。小楚的酒吧不收现金，所有的消费都通过微信、支付宝来完成支付。他们众筹的这家酒吧所有的咖啡、酒等饮品都有二维码。据了解，在整个众筹过程中，股东之间的联系、付款、讨论等基本都是利用微信、支付宝等方式完成。通过众筹开了酒吧的小楚，还间接为其他同学带来了资源。

谢小甘是小楚的同学，看到小楚创业众筹成功，于是也准备创业。她说："我想筹备一个平台，让大家免费学习国学知识，但是不知道如何具体运作。"在朋友的建议下，她特意在微信朋友圈发起了一个众筹——创业"筹智"研讨会。于是约好的 40 个人齐聚小楚的酒吧，为谢小甘创业出谋划策。这些人大都来自各个行业的创业者、主要负责人，还有一些是和她一样准备创业的人。

有的企业负责人，他们从企业的整体管理、公司文化给她指导，有的人跟她分享财务管理经验，有的人建议她结合所从事的工作经验去挖掘等。通过一下午的讨论，谢小甘有一种豁然开朗的感觉，而且结交了很多优秀的创业者和朋友。

当然，这个案例是成功的案例，也有很多众筹不成功的案例。众筹失败的最大原因，是人们对项目不感兴趣，或者投资项目引不起对方的参与热情，别人看不到项目的亮点。

作为一家打算融资的创业公司，怎么才能引起投资者的兴趣呢？如果你打算在一次公开路演中演示项目，你就有机会一次性见到很多的投资人。类似这样一次性就能面对一群种子轮投资人的机会其实并不多。除了公开路演外，目前能找到风险投资人或天使投资人的最好办法就是通过熟人的介绍推荐。天使投资人经常会把自己感兴趣的创业公司和项目分享到自己的社交圈。此外，也可以请朋友将你的公司推荐给他认识的天使投资人或者风险投资人。如果没有这些资源的话，那么你也可以自己在网上搜索，主动去找风险投资人和天使投资人的联系方式，将自己精心准备的资料发过去。

二、影响众筹成功的要点

想要众筹成功必须把握好以下六点：

一是筹集时间恰到好处。众筹的筹集时间应该长到足以形成声势，又短到给未来的投资者带来信心。在国内外众筹网站上，筹资时间为 30 天的项目最容易成功。

二是目标金额合乎情理。目标金额的设置需要将生产、制造、劳务、包装和物流运输成本考虑在内，然后结合本身的项目设置一个合乎情理的目标金额。

三是支持者回报设置合理。对支持者的回报要尽可能做到价值最大化，并与项目成品或者衍生品相配，而且应该有 3 ~ 5 项不同的回报形式供支持者选择。

四是项目包装。调查数据显示有视频的项目比没有视频的项目可多筹得 114% 的资金。而国内的项目发起人，大多不具有包装项目能力，所以我们必须在这一方面下功夫。

五是定期更新信息。定期进行信息更新，以让支持者进一步参与项目，并鼓励他们向其他潜在支持者提及你的项目。

六是鸣谢支持者。给支持者发送电子邮件表示感谢或在你的个人页面中公开答谢他们，会让支持者获得被重视的感觉，增加参与的乐趣，这点也常常被国内众筹发起人忽视。

◀ 创新 O2O 模式：线上线下互动 ▶

一、成功企业是怎样做互动的

近年来，移动互联网等新一代信息技术加速发展，技术驱动下的商业模式创新层出不穷，线上到线下（O2O）模式、线上线下互动成为最具活力的经济形态之一，成为促进消费的新途径和商贸流通创新发展的新亮点。O2O的优势在于把线上和线下的优势完美结合。比如通过网络传播，将网店与地面店完美对接，实现互联网落地。让消费者在享受线上优惠价格的同时，又可享受线下贴心的服务。

近年来，线上线下互动营销模式做得好的企业很多，比如雕爷牛腩、滴滴打车、黄太吉等。黄太吉煎饼，名噪一时，仍有余热。我们看一下当时黄太吉和果酷网是怎么进行线上线下互动营销的。

第一，黄太吉店铺在北京 SOHO 写字楼群里。据 IT 商业新闻网报道，黄太吉创始人赫畅仔细研究了麦当劳、肯德基，发现其在全世界流行的一个重要原因在于其产品形态，汉堡就是两片面包，中间夹什么都行，但是口味千变万化。披萨只要做好面饼，上面随便撒什么都行。这样既能满足消费者的各种口味，产品又非常容易标准化，有效降低了全球推广的门槛。中餐有其独特的口味，但包子、饺子、面条之类不容易标准化，因而很难竞争过肯德基。所以赫畅选择了中国的汉堡和披萨——煎饼果子和卷饼，这样将来才有可能向肯德基等洋快餐宣战。为了扩充品类，满足消费者多样的需要，黄太吉还推出了卷饼系列、麻辣凉面等。

第二，黄太吉的产品是 1，口碑是 0。黄太吉的微博都是赫畅本人在管理，通过微博来实现品牌与消费者的跨越时间和空间的直接沟通，正是这些互动让消费者更好地了解了黄太吉，由此带来了知名度、口碑和销售量的提升。

第三，黄太吉选择的目标市场是工作餐。随着经济的发展，城市规模逐渐扩大，写字楼、专业市场、大型商厦鳞次栉比，随处可见，时间成了越来越珍贵的东西，所以午餐和晚餐成为了上班族头疼的事情，既要吃得好又要吃得快，麦当劳和肯德基这些食品，越来越被人们当作垃圾食品所抛弃，而黄太吉的出现，给了他们一个更好的选择，价格不贵，健康、美味还养生，因此它们的潜在市场和未来的发展是无法估计的。

第四，黄太吉的目标群体是"白领群体"。"白领群体"既有一定的消费能力又数量众多，因而成为商家的必争客源，所以黄太吉也瞅准了这个市场，把他们作为销售煎饼果子的主要目标群体。"白领"作为引领潮流的群体，他们的主要特点是互联网贯穿了他们生活的始终，追求的是一种充满惊喜、创新的生活方式，而 O2O 的优势在于把线上和线下的优势完美结合。这就让消费者在享受线上优惠价格的同时，又可享受线下贴心的服务。

黄太吉成功的主要原因就是充分利用了用户体验，给了顾客再次光临的理由，使去它们那里消费的每一位顾客都变成了它们的忠实顾客。赫畅是怎么做到的呢？那就是关注用户体验，不仅是售后体验，还延伸到了售前体验。在店面装潢上略带港式茶餐厅的格调；背景音乐包含了流行、爵士、蓝调等；店面陈设中除了盆景，还有来自世界各地的新奇玩意儿，比如来自华盛顿国家天文博物馆的阿波罗登月杯、来自巴黎的斑牛雕塑、来自日本的招财猫、来自纽约的爱因斯坦玩偶。此外还有各种文案接地气的宣传招贴，免费 Wi－Fi，店内还有停车攻略，教顾客怎样短停躲避贴条，而如果不幸被罚，老板会送上南瓜羹安慰。黄太吉的一举一动都体现了他的用心和贴心，他们不仅把顾客当作顾客，还把顾客当作可以与自己一起分享生活的人。当作为消费者的你如此"备受关注"，你又怎么会放弃再来一次的机会呢？

再来看果酷网的案例。

"80 后"大学毕业生贾冉，拿出 10 万元积蓄，在朝阳区的一栋居民楼里卖起了"鲜果切"。在 IT 公司上班的时候，贾冉对着电脑一待就是一天，早上带来公司的苹果，往往是晚上原封不动地带回了家。而这在同事间也是常见的事。"恨不得眼睛里全是编码，谁顾得上去洗水果"。不少同事甚至会选择中午跑去距离公司 5 分钟路程的星巴克，买上一杯不到十块水果切片的"水果杯"。凭着从大学时就试着在同学间卖电脑的"生意直觉"，贾冉发觉这是个不错的商机，"如果把洗好、切好的水果送到上班族面前，一定受欢迎"。于是，他开始创业。每个月房租 2500 元，办公设备、工作台、加工设备 2 万元，每个星期批发水果 3000 元，4 名配送员每人每月工资 3500 元，加工员工每月工资 3000 元。低成本创业的"鲜果切"很快便凭着精细化服务打开了一片天地，这就是果酷网的创业路径。1000 元、300 万元、1000 万元，这是果酷网成立三年来每年的收入。不久前，"几何倍数"成长的果酷网获得了第四笔融资，金额达 200 万元。如今，每天有 20 吨"鲜果切"果盒，走进腾讯、新浪、百度等公司的办公大楼。

二、实现线上线下互动的建议

很多朋友在咨询我时说，他要做 O2O，理想很宏伟，几年内要开多少家店，他的产品策略如何，却忘记了一个很实际的问题——能提供给用户互动的点是什么？产品是否有必要线上线下互动？

我认为满足以下三点后用户才愿意和你进行线上线下互动：一是在线上给用户提供超赞的感受，包括线上的口碑超赞，网站上的产品设计超赞，客服人员的水平超赞等。这些都有可能打动他，让他有进店一探究竟的欲望。二是在线上推的是服务，这项服务既能解决用户的痛点，又只能落地到门店才能体验，这样可以引起用户的互动。三是体验店做得超赞，有很多意外的惊喜，让用户忍不住分享到线上，同样也能引起互动。

所以，要想把 O2O 与整合营销传播紧密联系起来，我们要注重线上线下的整合，注重用户的体验。因此，不管是传统企业还是电商企业，都应努力制定科学完整的战略计划，根据营销环境的变化，将网络营销和实体店铺销售进行整合，实现线上线下完美结合，齐头并进，全面推进企业的 O2O 模式又快又好地发展。

◀ 资本运营：搭顺风车、走快车道 ▶

一、资市的力量：得资市，得天下

创业需要资本，好的创业者会通过资本运营，搭上顺风车，走得更快。中小企业普遍具有融资需求，但很难从传统的融资体系获得资金。中国有 1300 多万家中小企业，上市公司有 2490 多家，不足万分之一，相当于有 99.99% 的企业很难获得资金的支持。而中小企业刚刚发展的时候最缺的就是资金，没有资金的支持企业很难获得更大的发展。

得资本，得天下！世界著名的大企业、大公司无一不是通过资本运营发展起来的！资本犹如企业之血液，资金链一断，企业则面临崩盘。

小米手机其实是典型的通过"资本思维"成长起来的企业。首先，它会找到合作方、投资方，告诉他们自己将用全新的方式做手机，然后大家一起来做。这样在还没有开工之前就拿到了投资，并且组建了一个分工型、协作化的团队。然后它会先告诉消费者自己要做一个什么样的手机：配置是多少、价格是多少。找到了自己的消费者，拿到了订单，这时再去找工厂去做代加工。然后以手机为渠道，不断做深，往外延展。小米用的就是轻资产、精定位、做纵深、高增长的资本思维方式。你会发现，小米背后形成了一条生态链，价值巨大，却又不需要工厂和设备。这使得小米仅用了 5 年就成为中国第四大互联网公司，价值 450 亿美元！这就是典型的"资本运营"，其背后的杠杆作用的力量十分巨大！

反过来，如果小米手机按照传统的"市场思维"去运作，那么过程是这样的：首先需要一笔启动资金，先用于手机市场的调研和产品研发，这个过程需要至少半年。然后再准备一大笔费用去购买设备、建设厂房，接下来开工生产。当产品生产出来之后再去找渠道商，还得去砸钱做宣传，努力卖给消费者。这时如果资金不够了就去银行贷款，进行扩大生产。传统企业之所以难以为继，症结就在这种运作思路上。最后资不抵债或者利润率赶不上银行的贷款利息！

二、资本青睐什么：现金流和盈利能力

资本看重的是持续的现金流，看重的是盈利能力而不是利润额。

首先，资本看重的是持续的现金流。阿里巴巴和京东相比，京东一年的销售收入是阿里巴巴的好几倍，但是阿里巴巴的市值却是京东的十几倍。它们的差距在什么地方？当然除了它们自身的盈利能力和利润之外，非常核心的一个指标就是现金流水。阿里巴巴在 2015 年"双十一"一天的流水达到了将近一千个亿，京东每年的销售额可能也就几千亿元。虽然阿里巴巴的收入很低，但是它的流水非常大。

现在的滴滴打车，同样销售收入、业务收入比较低，但是在它平台上的整个流水非常高，现金流非常大。当然现金流也是支撑客户质量以及客户黏度的一个非常核心的相关指标。所以有很多企业虽然在亏损，但是因为它的整个平台的流水非常高，现金流非常大。

关于流水和销售收入，有很多人特别是没有当过老板或者行业外的人不容易理解。实际上这两者有非常大的区别，对企业而言，特别是创业型企业，

创造销售收入非常难，但是做流水相对比较容易，流水的价值从某种程度上来讲也是企业价值非常核心的一个支撑。

其次，资本看重的是盈利能力而不是利润额。虽然盈利额、利润额只有两字之差，但是却有很大的一个区别：利润额代表企业过去或者现在所获得的利润；而盈利能力代表企业可能获得的利润以及未来获得利润的空间。

比如，微信刚开始几乎没有什么利润额，因为它一直都在做推广，但是并不代表它没有盈利能力。微信最初只做推广广告，可能一年时间、几年时间内，微信都没有利润，但一条广告所产生的收入可能就是几百万元甚至上千万元。按这个广告收入，企业的边际成本几乎为零。这就意味着微信有非常好的盈利能力和盈利空间。所以它潜在的盈利能力也是支撑腾讯包括微信高估值的一个核心因素。很多互联网公司，包括京东利润额非常低，甚至连年亏损，但是并不代表它没有盈利能力。

这是一个资本经济时代：未来人人都有自己的资本，资本之间的配置产生驱动，无数个驱动力组成了社会前进的动力，这种力量在国家的宏观调控之下，必将打破以往的市场经济模式，构建新的商业文明体系！

如果我们想在竞争当中保持不败的话，必须熟练掌握资本运作。在与很多企业家沟通的过程中我发现，传统行业的企业家，他们说自己不需要钱，为什么要去融资！"我从来没有拿过别人的钱，我自己可以发展。"这是不少民营企业家的想法。这种想法有一定的道理，因为仅从今天生存的角度看，是不需要资本的扶持了。但是企业家的竞争对手想的不太一样，他们会用资本的杠杆跟同行竞争。你的挑战不是来自自身，而是来自你的竞争对手。同时挑战也许不是来自中国的对手，而是来自世界其他地方的对手。

所以，善用资本，会用资本，才能让自己的企业走得更稳，发展得更快。

◀ 成功企业案例分析 ▶

一、众筹商业模式的典范：乐童音乐

乐童音乐完成了一个百万级的音乐硬件类产品众筹，成为原始会众多成功融资的经典案例之一。乐童音乐创始人马客表示，目前乐童音乐的主要支出是人力成本，所得融资会更多地去做产品，内容上也会有变化，会更多去拓展音乐衍生品、艺人演出方面，突破现有音乐产业模式，探讨更多新的可能。

马客认为，众筹模式已经改变了很多的行业和链条，这种方式很有价值，之前入驻众筹网开放平台，对乐童音乐在资源整合以及产品曝光方面帮助不小。此次再次与网信金融旗下的原始会合作发起融资，他表示很受益，对股权众筹这种全新的融资方式抱有信心。作为专注于做音乐的垂直类众筹网站，乐童音乐在音乐众筹、音乐周边的实物预售等方面已经取得了不小的成绩，在业内颇有名气。

当谈及乐童音乐能够成功融资的秘诀时，马客认为，除了明确的商业目标和未来规划，对于一个初创企业来说，投资人很看重团队的执行力，因为这会直接影响到企业的运作。

据了解，除了乐童音乐，原始会还帮助过其他许多的企业成功融资。公开资料显示，截至目前，原始会的合作创业项目已有2000多个，投资人（机构）超过 1000 位，成功融资的项目已有 8 个，融资额已经超过 1 亿元。

原始会 CEO 陶烨表示，基于互联网的优势，众筹最终也会把传统线下融资改为线上融资。一方面，投资人可以在这个平台上找到海量的融资。另一方面，投资变化也可以在我们这个平台上找到，而这种变化在一对一线下的渠道是找不到的。此外，在这个平台上，互联网投融资双方可以在这种海量信息中快速配对，快速找到买家和卖家。乐童音乐之所以能够快速在原始会融资成功，主要在于其项目足够优秀。互联网金融是新兴行业，股权众筹市场潜力非常大，把线下的传统投融资，逐渐转到线上投融资，它是一个变革性的东西，是一次革命。

二、联营商业模式的典范：小鸟联手凉茶

风靡全球的游戏——《愤怒的小鸟》大电影在中国上映之前，作为一款世界级的大 IP，小鸟们未映先火，成为各大品牌的抢手货，如京东独家预售一款愤怒的小鸟（乐高玩具），麦当劳、加多宝等品牌推出限量版产品。加多宝在活动中发布金罐加多宝"愤怒的小鸟"限量装，该产品已于 2016 年 5 月 9 日在京东首发。加多宝的金罐包装自问世以来受到了广大消费者的喜爱，跟《愤怒的小鸟》联营，印上了小鸟"胖红"的形象让产品变得更加有趣，而罐体上的四款"火"的字样赋予了这个传统凉茶品牌年轻的趣味性，使得这款产品迅速引爆全国。

加多宝联手《愤怒的小鸟》，从产品和 IP 角度来说都有非常高的国民认知度，同时两者之间高度的品牌契合性——"火"，恰恰是两者能够合作的关键。首先，凉茶的功能是去火，而愤怒的小鸟代表着火，凉茶刚好可以去愤怒的小鸟的火，由此看来在概念上两者相契合。其次，罐体上印的四种与

年轻人生活紧密结合的"火"状态，——"加班火"、"堵车火"、"熬夜火"、"无名火"，不仅符合产品内在"降火"的概念，而且在外在形象上更加有趣，更能赢得年轻人的喜爱。

进一步分析，第一，国际 IP 拥有更大的市场，其他品牌与之合作可以扩大自身的知名度，将 IP 资源进行最大化的利用，有利于开拓海外市场，从而实现品牌价值的提升。第二，国际 IP 知名度高，传统品牌与之合作可以快速吸引消费者的注意力和认同感，节约了宣传的时间成本，实现与消费者的情感共鸣，同时可借助"粉丝"的扩散效应实现品牌的自传播。第三，现如今，不仅是明星可以拥有"粉丝"，品牌也可以拥有"粉丝"，当与国际优质 IP 合作后，人们会围绕品牌进行话题讨论，若能抓住时机将合作 IP 的"粉丝"转化为品牌的"粉丝"，对提升品牌价值大有好处，比如"果粉"和"米粉"。加多宝涉足娱乐并非首例，这次和《愤怒的小鸟》大电影进行合作，塑造了更为年轻有趣的形象，这也是加多宝为深入年轻人市场而迈出的重要一步。

在互联网传播成为大势的今天，传统品牌应当利用好机会进行营销，结合 IP 制造内容，形成销售闭环。愤怒的小鸟作为互联网产物，对加多宝的互联网传播大有好处。此次合作非常适合进行互联网传播，可以整合资源加强与消费者的互动和沟通，不断强化金罐加多宝年轻、时尚的品牌形象。

据"京华网"2016 年 5 月 24 日报道《＜愤怒的小鸟＞携手加多宝 强势品牌联合营销效果猛烈》改写。

三、微商开启的赚钱模式：蒋骅成"万元的哥"

今年 39 岁的蒋骅出生在杭州一个普通工人家庭，是一名开了十多年出租车的资深的哥。看外表，很少有人会认为他是一名出租车司机，白净的脸，材质、十分考究的衣服，皮鞋擦得锃亮，这就是他给大家的印象。

过去，蒋骅在一家出租车公司一直都是开夜班，当时，白班生意不好做，原来的司机不干了，没人愿意开白班，蒋骅只能硬着头皮上。为了增加收入，他开始在网络上找乘客，最初在19楼、赶集网、58同城这些网站上发布一些约车信息，陆续接了一些订单。蒋骅通过网络的强大功能尝到了甜头，也觉得在网上招揽生意是一个不错的方法，但一次偶然的机会改写了他的人生。有一次蒋骅拉载了一名乘客，他发现这名乘客上车后拿着手机像对讲机一样跟朋友对话，他问对方这个软件叫什么，乘客说，这是和微博一样流行的社交工具——微信，好友之间不仅能够发文字和表情，还能用语音对话，更重要的是能够通过定位功能知道彼此的位置。蒋骅一下子受到启发，心想，如果用微信锁定乘客，做预约服务，比网上发帖强多了。于是，他开始尝试用微信招揽生意。

一开始，蒋骅并不会用微信，也不知道怎么把自己的业务推广出去，只得找人虚心学习。慢慢地，蒋骅学会定位查找附近的网友，然后挑选一些和他们打招呼："你好，我是出租车司机，想约车可以找我。"蒋骅形容，发微信就像在网上隔空发名片，非常合适出租车这种流动性强的行业。一段时间后，蒋骅还真通过发微信接到生意，有些乘客还成了他的忠实"粉丝"。接着蒋骅就把这个好方法也介绍给其他司机。于是，微信预约火了，这种方式尤其受年轻人欢迎。考虑到很多乘客在乘车时喜欢上网，蒋骅还办理了车内的无线上网套餐，免费为乘客提供无线上网服务；考虑到行车安全，他给微信配上了专业武装——微信专用耳机，只要轻松按键就可以收听微信语音。

目前，蒋骅的个人微信上已经有400多位好友，他还开通了新浪微博

"杭州出租车预约"，用来公布预约方法和联系方式，该微博也吸引了1000多个"粉丝"。为了避免不必要的消耗，他给自己的约车费用定了一个范围，市区预约50元起。现在，他每天的营业额有六七百元，除去油费和班费，每天能赚400多元，一个月有1.3万元左右的收入，成了名副其实的"万元的哥"。

有时候，蒋骅也会碰到难题，在同一时间接到两个预约怎么办？于是他有意识地发展了一些熟悉的车队好友加入，把几位技术和人品都不错的司机拉在一个群里，相互分享客源和订单，生意越来越红火。用蒋师傅自己的话说，不是卖面膜的才叫微商，任何一个可以通过微信赚到钱的都可以叫微商，他就是一个新微商。

【本章结语】

当下企业与企业之间的竞争，已经不单是产品的竞争，而是商业模式的竞争。不论卖产品还是做服务，要考虑的是如何走在商业模式之前，做到创新和独辟蹊径。既要做到合作经营，又要关联商家达到顺销、搭销，让客户变成合作伙伴，用众筹模式获得钱、人和资源。除此之外，还要懂得资本的运营，这样才能在万众创业之时，走一条新型的创业之路。同时，整合新的营销战术，才能使企业运营之路越走越顺。

第五章
营销战术

重点内容

- 自媒体营销
- 移动广告投放和移动端竞价推广
- 二维码营销
- 植入广告营销和视频传播
- O2O 全渠道营销
- 成功企业案例分析

◀ 自媒体营销 ▶

一、自媒体营销的核心：用内容锁定用户

自媒体本质上就是完全的个人观点、看法的传播。在自媒体上我们可以表达我们个人的价值观，媒体再也不是传统媒体的天下，平民一样可以发声。

自媒体营销的是自己，品牌也是自己，核心竞争力就是自己文章输出的价值，而且价值要通过"粉丝"来体现。有多少人对你保持关注、有多少人对你保持崇拜、有多少人从你这里学到东西、有多少人从你这里得到启示，这些就是自媒体的价值。那该怎么实现这些价值呢？说得直白一点就是我们要拥有足够多的"粉丝"。

想要吸引足够的关注，除了内容本身有一定的价值之外，最重要的就是内容要吸引人，好的自媒体文章像讲故事一样娓娓道来，充满着底气和真诚，自然就吸引人。为什么说自媒体的内容要像写故事一样娓娓道来呢？因为自媒体不是企业的宣传工具，即便是一些企业自己办的自媒体也不应该把它只当成一个宣传工具，那么自媒体的内容就要去掉过多的营销痕迹。同时自媒体也不是专业的期刊，不需要陈述太多专业的词汇，尽量用简单易懂的语句将要告诉别人的内容说出来。

会讲故事只是一个起点，还要学着把这些故事放在一些门户网站去"吸粉"。比如，使用今日头条、百度百家、搜狐自媒体、腾讯天天快报、QQ 兴

趣部落等去传播。

我们看一个案例：

2015 年 1 月 25 日，财经作家吴晓波在自己的自媒体"吴晓波频道"上发表了一篇文章：《吴晓波：去日本买只马桶盖》。文章出来后，在微信圈里"疯传"，一天的阅读量就达到 167.6 万次。1 月 27 日，营销专家孔繁任也发表了一篇网络文章：《买只马桶盖，我们还要去日本吗》，也获得了很多业内人士的转发和点评。这一事件开始持续发酵。

身为业内人士的九牧厨卫副总裁张彬，于 25 日这天在自己的微信圈里转发了《吴晓波：去日本买只马桶盖》这篇文章，并留言："干吗去日本买？咱家就有，还便宜一半，有需要的找我！"出乎他意料的是，竟然有好几百个微信朋友圈朋友给他留言，表示要买九牧的"马桶盖"。

而在吴晓波的文章出来之前，西安良治电器的"洗之朗"正在西安启动"全民马桶换盖大行动"，良治电器总裁马锐也很快转发了孔繁任的文章，并附上大意为"吴晓波先生摆问题，孔繁任先生给药方，两位大佬打喷嚏，洗之朗这里就感冒。中国人自己的屁股还要自己爱"的点评。这篇文章也刷新了马锐个人的微信点"赞"纪录。不知道是因为"马桶盖"事件的热炒，还是"换盖"大行动的力度大，这次西安促销活动的效果也非常好。

原本以为，"马桶盖"引起的话题活跃了几天，就此也就打住了。没想到，2 月 6 日，中央电视台二套财经频道开始报道赴日"疯抢"马桶盖的盛况，甚至让日本销售者在中央级媒体上讲解推销产品，内容和吴晓波先生的文章诉求大致相同。央视的报道给"马桶盖"事件再添一把火。

很快羊年春节就要到了，"马桶盖"话题不但没有偃旗息鼓，结果在春节后，央视新闻频道开始播出春节赴日本旅游的中国游客抢购马桶盖的盛况，甚至报道出单人抢购商品价值为 20 万元的马桶盖的新闻，这下可好，话题又热了起来。

此后，各大媒体也开始相继关注"马桶盖"事件，《南华早报》、《参考消息》、《凤凰卫视》等权威媒体都开始跟进"马桶盖"事件，从不同角度解读国人去日本哄抢马桶盖的动因以及国产便洁器企业的反应。于是，一场从网络上引发的热点，最终演变成全媒体和全民关注的话题，甚至惊动了总理，在北京"两会"上对"马桶盖"话题表态。

——《中国经营报》赵正供稿。

我举这个案例意在说明，自媒体如果运用好各大门户网站和热点"圈粉"工具，就会从一篇小文章创变成引爆营销的大飓风，威力无比。

二、各大话语门户的优劣对比

今日头条：优势是超高的人气，单篇文章阅读量甚至能达到几十万次。文章通过率相对较高。伊视可拍摄的营销系列搞笑视频（Oh！验光车），选择在今日头条投放，一发出很快就飙升到了头条，而且阅读和播放量非常可观，很快被各大门户网站转载。伊可视用很少的资金拍视频，却收到了很好的广告推广效果。劣势是在搜索引擎中收录并不及时并且排名不是很高。

百度百家：优势是一般文章审核通过率较高，并且百度排名还不错；账号不太容易被冻结，文末可以带文本链接和个人联系方式；还有一点比较好的是，可以获取文章广告点击收入。孕峰（程苓峰）从 2015 年 12 月 24 日开始在百度百家首发自己的文章，到 2016 年 1 月 8 日仅半个月，一共发了 9 篇，入账广告费 3 万元，平均一篇 3300 元。文章页点击总数 150 万，平均每篇文章 16 万，广告总点击量 3 万次，平均每篇文章挂广告 5 个左右，单个广告平均点击率0.4%。广告总收入3万元，每个点击的广告费正好1块钱。劣势是百度百家文章阅读量比较低，很多作者的文章阅读量不超过10次，甚至部分文章零阅读。另外使用百度百家发文章有一点极为不方便，图片无法直接复制，需要一张张地上传插入图片。这会严重浪费自媒体人的宝贵时间。

凤凰自媒体：优势是平台开通的时间不算太早，凤凰网2015年1月才正式运营自媒体，正因为如此，凤凰网自媒体暂时作者不是很多，文章容易被推荐。劣势是审核难度高，开通账号需要极高的条件。

搜狐自媒体：其最大的优势是审核通过率极高且文章可以带锚文本链接，并且在搜索引擎中的排名比较好。劣势是文章阅读量算不上太高，当然是高于百度百家的，但是远远低于今日头条。

腾讯天天快报：优势是强调"快报"，所以我们会看到"×分钟前"这样的提醒，每一次刷新都会推送新的内容（这一点和今日头条一样），内容偏向娱乐化和生活化，只要符合"快"的标准，而不论这条新闻是时政新闻还是社会新闻，都会被推送出来；从这个角度上来说，"天天快报"的标的对象应该不是新闻类APP，而是泛资讯阅读类产品。劣势是花边快讯、轻松阅读占主导。没有阅读压力的资讯也是一种缺陷，会流失大部分读者。

A5专栏和chinaz专栏：A5专栏和站长之家发布文章最大的优势是会被迅速收录到百度新闻源新闻里，并且被转载的次数很大，能带来很多外链。劣势是受众主要集中在站长和科技这一块，移动端发力还不够，勉强成为自媒体平台。站长之家新规则审核标准严格，账号容易被冻结。

一点资讯：优势是文章阅读量较大，低于今日头条，但是高于其他自媒体平台。劣势是文末不能带网址，不能带来外链。用户数量和影响力没有今日头条大。在搜索量方面表现一般，文章很少能排到搜索引擎前列。

微信公众号：优势是受众量很大，受众都是移动客户端并且多数是新生代，有极大的发展潜力。可以结合公众号功能开通各种业务，并不局限于自媒体本身，便于展开商业运作。现在的微信朋友圈有个人动态以及微信电商的招聘、互动等功能，当然微信公众号平台最大的优势就是能及时和读者进行在线沟通。劣势是一天只能发布一篇文章，并且相对于其他自媒体平台，算是封闭在一个圈子里面。原创版权保护得不够好，文章抄袭严重。

新浪微博"粉丝"服务平台：优势是用户数量多，这一点毋庸置疑。劣势是新浪旗下公众账号仅限制加 V 用户，入驻要求是所有自媒体平台中最严格的，一般人不可能入驻到新浪自媒体平台。

三、如何在平台上经营好自媒体

上面我们分别列举了几个平台的优劣势，那么如何在这些平台上经营好自媒体呢？

一是寻找一个好的媒体传播平台。可以是微信、微博、QQ 群，或上面所列举的这些平台，或者自己搭建一个网站。

二是推广信息，让自媒体更值钱。让你的 ID 吸引大量"粉丝"的注意力，通过线上或线下活动，提供有价值有意义的产品。

三是利用明星效应。让大家开始关注你，因为从我国企业这么多年的发展历程看，先是价值链上的产品最值钱，然后是渠道最值钱，再之后是内容值钱，下一步就是人最值钱。因此，以人格为核心建立自媒体，将是未来营销的一个基本特点。

四是发挥品牌效应。通过平民化的品牌效应、长尾效应，提高曝光度。比如，蒙牛几年前出了一本书叫《蒙牛内幕》，很多书摊上都有，这本书给蒙牛品牌带来的曝光价值，远远超出在中央电视台打几条广告。海尔有一个产业链叫作海尔参观，一年也能挣两三千万元。

五是传播你的故事。主动暴露自己的危机是比控制危机更有效的行为。危机公关的时候，大家通常纠结于承认还是不承认，抵赖还是道歉，深说还是浅说，但只要你处于两难境地，所有的选择都是错误的。前进和后退都错，那就往旁边走，以搞笑或娱乐的方式淡化它。随着自媒体的发展，小故事不断减少甚至消失。所谓小故事，就是故事本身不具备传播性，但是通过渠道强力传播，硬塞到听众脑子里去。现在出现的是云故事，不发生云故事，传播就不会发生。

◀ 移动广告投放和移动端竞价推广 ▶

一、移动互联广告的特点

移动互联广告是通过移动设备（手机、PSP、平板电脑等）访问移动应用或移动网页时显示的广告，广告形式包括图片、文字、插播广告、动画等。其实和现在网络上的广告形式一样，只是样式还没有那么丰富！

那么移动互联广告有哪些特点呢？

一是精准性。相对于传统广告媒体，移动广告在精确性方面有着先天的优势。它突破了传统的报纸广告、电视广告、网络广告等单纯依靠庞大的覆盖来达到效果的局限性，并且在受众人数上有了很大超越。移动广告可以根据用户的实际情况将广告直接送到用户的手机上，实现真正意义上的"精准传播"。

二是即时性。移动广告的即时性来自于手机的可移动性。手机是个人随身物品，它的随身携带性比其他任何一个传统媒体设备都强，绝大多数用户会把手机带在身边，甚至24小时不关机，所以移动广告对用户的影响力是全天的，广告信息到达也是最及时、最有效的。

三是扩散性。移动广告扩散性也就是可再传播性，即消费者可以将自认为有用的广告转给亲朋好友，向身边的人扩散信息或传播广告，在第一时间做到裂变传播。这样加快传播速度和传播价值。

四是整合性。移动广告的整合性优势得益于上网速度的加快，移动广告可以通过文字、声音、图像等不同形式展现出来。因为手机将不仅是一个实时语音或者文本通信设备，也是一款功能丰富的娱乐工具，更是一种即时的终端购买工具等。

五是数据性。对于广告主来讲，手机广告相对于其他媒体广告的突出特点还在于它的可测性或可追踪性，从而使受众数量可准确统计。可根据投放数据优化投放策略，进一步提升广告投放效果。

移动广告最大的优点就在于能够精准定位用户群。要为自家应用做推广，首先得对应用的目标用户做一个较好的定位。再根据投放策略匹配目标用户，一般可匹配的条件有手机操作系统、地理位置、人群、机型、运营商、时间段等。

二、如何使用移动广告进行应用推广

如果打算使用移动广告进行应用推广，在联系广告平台之前，最好先考虑一些事项。例如应用的目标用户、应用推广周期、广告预算等。先考虑好这些，与平台的对接也会比较顺利，不容易出问题。当然最终还是要跟广告平台做更多沟通，听取他们的一些建议，结合自己的实际情况考虑后再确定。

在这里，我们看一下杜蕾斯的移动广告投放。

杜蕾丝的广告预案：通过移动互联网接触目标消费人群。借力无线媒体及微信的推广优势引导"粉丝"互动及转发。结合网店，形成高效、快速、低成本的营销模式。

目标受众：18～45岁，年轻、时尚、爱玩、大胆的夫妻或情侣。

创意表达：以低成本的时尚游戏体现杜蕾斯阳光、性感、幽默的品牌基因，有效通过移动互联网接触目标消费人群。

传播策略：通过 Mconnect 广告网络进行无线端覆盖；同时从自媒体的入口加入，使不同游戏之间可以互相推广，持续吸引目标消费者的关注；杜蕾斯官方微信、微博账号的推广以及"粉丝"的互动。由于游戏具有话题性，且名称及内容易形成口碑传播，可进一步引发高转发及传播。

执行过程：杜蕾斯一向关注最 in 的时尚游戏，并做出最快响应，将网络热点内容变成杜蕾斯品牌创意的灵感，杜蕾斯首度推出了"精子快跑"游戏。游戏完美体现了杜蕾斯阳光、性感、幽默的品牌基因，也容易通过移动互联网接触目标消费人群。紧随其后，杜蕾斯开发了一系列时尚定制游戏，均以低成本带来很高的用户互动，受到年轻手机用户的欢迎。通过品牌 PC 及手机端官方网站的传播，引发官方微博"粉丝"及微信"粉丝"的参与及转发热潮。

效果总结：对时下最流行游戏的敏锐洞察、精准创意和巧妙结合，搭配优质的媒体资源以及自媒体的最大化利用，杜蕾斯品牌每推出一款游戏就会在移动互联网上掀起一股讨论及参与转发的热潮，极大地提升了品牌好感度，堪称低成本、高回报的快消品牌营销典范。每款游戏一经上线，就引发高度关注及转发，目前四款轻应用游戏共带来 500 万次以上的网页浏览，1500 万以上的互动，也就是每个参与者对每款游戏平均玩三次以上，形成了高用户黏度。

三、如何利用移动端做竞价推广

除了进行移动广告的投放，另一种广告手段就是利用移动端竞价推广。如果要将一个项目进行推广，就要做好充分的准备工作，从而为进行下一阶段搭建账户做推广准备。准备工作主要是进行市场分析、人群定位，整理出有关这个项目所需的所有关键词并进行分类。这里需要注意的一点是，不同属性的关键词分类，能分多细就分多细，这也是为推广一个精细化的账户结构做好准备。这方面百度竞价是一个可借鉴的例子。

百度是中国最大的搜索引擎，也是最大的互联网广告投放平台之一。百度的主要业务之一就是付费搜索广告。百度广告的一个基本原理就是购买关键词。百度会根据广告主的出价高低，以及该广告主所维护的关键词的质量度，决定最终排名。由于关键词出价是广告主的商业机密，我们无从获得。百度是如何确定关键词质量度的，是百度的商业机密，我们也无从获得。但是，通过爬虫，我们仍然可以从百度前端采集到一些非常有趣的文本信息，可以帮助我们理解什么样的关键词搭配什么样的广告创意（标题＋描述＋飘红），更有可能排名靠前。

百度竞价真正的排名规则：综合排名指数＝自身出价×质量度。

关键词每次的点击价格＝（下一名出价×下一名质量度）÷关键词质量度＋0.01。

关键词的点击率：点击率＝点击量÷展现量。

关键词排在所有推广结果的最后一名，或是唯一一个可以展现的推广结果，则点击价格为该关键词的最低展现价格。

比如，竞价的关键词是"手机"，我的质量度是二星，竞争对手的质量度是三星，他的搜索结果是百度显示第一位，我是第二位。假设我跟他出的价格都是5元。那么他的每一次点击价格是5×2÷3＋0.01≈3.34元，然后第三名也是质量度二星出价4.99元。那我的每次点击价格就是4.99×2÷2＋0.01＝5元。我们可以想想，如果是电脑、照相机之类的关键词，出价是

30 元或者 60 元，质量度的因素就马上体现出来了。

按照刚才的例子来推算，60 元的出价，第一名的点击价格就是 40.01，而我的就是 60 元了。如果第三名是三星的，那么我的花费会更高。这样每次点击都在烧钱，而且花的钱比排在我前面的那个还要多。

所以质量度低又想获得好的排名，就必须花比别人更多的钱来排名。那么，懂规则的人很容易利用这点让对手竞价数据变得毫无意义。首先他可以提高价格让对手跟他一样高价竞价。然后他跳居到第二名，让对手稳坐第一位。可以想想，对手的每次点击价格起码是他的两倍以上，而且第一位的无效点击数据又比较高。这样就可想而知对手的钱都花哪里去了。

所以还是那一句话：关键词的选择需要技巧，比如符合推广产品特色或者行业相关或服务相关；关键词的选择要多站在用户的角度去考虑，尽量符合大众用户的搜索习惯；分析竞争对手的关键词和关键词的竞争程度；随时观察关键词的指数、竞争程度、出价并及时调整。

四、选择关键词需要注意的事项

一是不要太热门。关注的人多并不代表转化率高，这样只会烧更多的钱，比较适合于做品牌效应。

二是不要太核心。关键词比较核心总会让人货比三家，这样的词常常因为展现量高、点击率低、出价高、咨询量低等导致投资回报率低。与其与竞争对手争抢这些核心词不如去选择更多的长尾词，长尾词带来的客户往往比核心词转化率高很多。

三是不要太广泛。竞价中也有一个广泛匹配与地区展示和全国展示。这里我们也要注意选词不要太广泛，如果想做大自己的品牌为全国服务，这些就可以自己去定义了。如果只是刚起步，只想把自己的这块地区做上去，一定要选词精准具体，切忌泛泛而谈。

四是不要太冷门。一个词如果没人关注，甚至都没人知道、没人去搜索，那这样的词就算天天都排在排行榜的最前面也没效果。这样的词可以说很难带来流量，对于网站推广起不到太大的作用。因此，对于过于冷门的长尾词也要慎重选择。

五是尊重用户需求。很多人接触一个行业久了经验就很丰富了，一些行业基本都会出现很多专业的词，这样一来很多朋友只围绕这些词去发展，没有顾及新的客户。

六是注重相关性。需注意长尾词与主营产品业务服务的相关性，这样才能保证我们做推广的准确性及有效性，才能更好地将潜在消费者转换为我们的客户。如果所有的长尾词相关性都不大，甚至没有相关性，那么这个结果大家可想而知了。

七是注重关键词的创意。提炼一些醒目且富有创意的标题，才能吸引客户点击。标题要做到有创意必须抓住四点：飘红、相关、卖点和吸引力。飘红就是使用关键词通配符，标题里面可以出现，内容里面也可以出现，尽量自然地出现几次。相关指的是标题与内容要相关，并且整个关键词创意要跟核心关键词相关，跟单元推广的词相关。卖点，就是指关键词创意突出的是什么，比如突出的是价格，或者质量，或者服务。吸引力，因为每个人的想法不一样，要吸引客户，必须分析客户关注这个词的什么，然后抓住关注点去选词，才会有吸引力。可以采用提问的方式进行问答，也可以用排比进行，主题要吸引人。别人关注什么，我就写什么。内容里面可以突出价格优势、质量优势，用户排比，突出核心。例如：省钱耐用的洗衣机哪里找？哪里找最好的洗衣机？洗衣机怎样才算好？当然是省钱又耐用。××洗衣机厂，十年洗衣机机械系列产品生产经验，老企业大品牌，质量上乘，价格实惠！洗衣机怎么选？怎么选质量好价格便宜的洗衣机？选洗衣机要看品牌，××洗衣机十年生产经验，大企业老品牌，公司洗涤机械系列产品全部通过欧盟 CE 认证，质量有保证，厂家直销价格更优惠！等等。

八是注意关键词竞价排名的位置。很多人认为百度竞价要把关键词排到第一位，那样人家能最先看到，其实不是这样的。第一位价格高，误点率特别高，基本上别人看到第一位都会点击进去，但很多人会迅速关掉，很多消费者不会看到第一个就决定购买，往往会关掉页面，往下看。关键词竞价排名有两个最佳位置：一个是首页的第三、第四、第五、第六名，消费者喜欢货比三家，基本上比到第三、第四、第五、第六这四个位置就会有购买欲望了，这四个位置价格不会很高。还有一个就是针对比较细心的消费者，因为还存在一部分会看很多网站的消费者，这个位置是在第二页右侧的第二三位，消费者看完百度的第一页，如果没发现合适的，就会翻到第二页，翻到第二页首先映入眼帘的是右侧的第二三位。

九是选择合适的推广时段。推广时段也很有讲究，一般选择在上午八点半至十一点、下午两点至四点。在上班高峰期进行广告投放，可以有效地把握客户求购的机会。

五、常用移动广告平台介绍及使用建议

第一，百度竞价。

什么是百度竞价？比如说用百度搜索一个词"医院"，排名靠前且右下角带推广的项目，就是百度竞价。竞价还是要自己去实打实地操作才行，可

以找一家企业，为其工作，慢慢摸索，自己遇到问题去解决比别人告诉你要实用得多，扎实得多。另外，实际上百度竞价操作很简单，熟悉账户结构，知道怎么调价，每个部分功能怎么用就可以了。重要的还是学会分析数据，知道面对不同流量和客户人群的时候怎么做调整；账户突然出现问题、行业出现变动怎么做，这些都是要靠自己做竞价慢慢摸索。

个人建议：

一是借鉴百度客服的提议，但不要完全相信百度客服的操作，很多时候客服不会真的为你着想，而会尽量扩大你的关键词数量，因为创收对他/她来说也很重要。

二是如果你对服务要求很高，就别找托管公司，99.9%的服务都难如人意，尽量自己用心学习操作。

三是多看、多观察别人的竞价，多问、多咨询百度客服，参加百度免费的客户会，就能逐步掌握后台的操作。

四是可以参加一些培训，但如果你完全寄希望于报名参加培训那就错了，因为绝大多数培训都是理论层面上的，能用者极少，一定要结合自身情况进行竞价实操，因为实操比理论来得更真实。

第二，网盟。

网盟和百度搜索有相同的地方，也有不同的地方。那么如何做好网盟推广呢？要从以下六个方面入手：

一是用户行为。在网盟推广后台我们可以选择用户行为，在这里务必选择"关注指定关键词"，如果选择"不限"的话，也就是针对所有上网的用户展现我们的广告，这样的话那真是太可怕了，因为会烧钱烧到你哭。

二是地域推广。网盟推广的地域选择可以具体到某个地级市，我们在建立网盟推广组时，就要选择推广地区，选择我们自身行业的潜在客户主要分布的地区，然后相应地推广到这些地区。

三是垃圾网站。做网盟推广，如果广告上线之后我们就放任不管，不去分析网盟后台数据，然后屏蔽部分网站的投放，那样的话，很大一部分广告费就会浪费在垃圾网站上，还有一部分网站没什么内容，打开也特别慢甚至打不开，这部分网站我们也要过滤掉。

四是自选网站。为了避免垃圾网站和站长刷流量，还有一种比较好的方法就是我们自己选择投放的网站。这样我们可以根据自身的行业，选择一些知名的、大型的、与我们的行业相关度较高的网站，并且网盟推广后台还提供了网站选择工具，我们可以根据网站评分、日展现量、独立 ip 访问量、新加盟网站等属性过滤掉很大一部分垃圾网站，从而大大提升我们的广告投放效果。

五是同行点击。和搜索推广一样，网盟推广同样存在很大一部分同行点击，尽管没有搜索推广严重，但还是会浪费我们一定的广告费，比如我们设置的关注指定关键词，而同行每天也会搜索这些关键词，所以当他们在浏览投放有网盟广告的网站时，也会搜索到我们的广告，那么我们如何避免同行点击呢？使用统计工具分析一个月内的数据，找出点击网盟广告访问网站五次以上的 ip，然后屏蔽这些 ip。分析同行主要集中在哪些城市，然后放弃这些城市的广告投放。

六是数据跟踪分析。影响网盟推广效果最关键的一项就是数据跟踪，即使我们前面所有的工作做得都很好，但是如果没有分析数据的话，同样的会浪费大量广告费。做好数据分析是一项重要的、长期的工作，我们要每天不断分析、调整、监控，团队通过点击链接通配符跟踪广告投放。

第三，360 点睛。

360 点睛搜索推广的"黄金组合"主要分为五点：

一是每个组内的关键词少于 30 个。30 个（360 客服给的建议，问过 3 个客服，都给这样的答案）确实有点少，按这个分法，如果关键词很多个，那就不知道要分多少个计划多少个组了，前期建立分组和后期维护都比较费人力，不过分得越细，关键词与创意的自动匹配自然就越完美，正所谓"鱼和熊掌不可兼得"，要想账户完美，就必须舍得花人力。

二是每个推广组除了保证三套以上的创意，还要添加比翼子链、图片、电话等。比翼子链类似百度的凤巢，添加比翼创意，有图片、链接等，让展示的创意更加丰富，从而提高点击率。

三是对于某个消费较高的区域，可以独立分出一个计划，单独出价。有些产品地域性比较强，或在某几个地区客户量多，竞争激烈，消费比较高，一般大部分产品北上广深消费量都比较大，可以有针对性地把这几个地区单独分个计划，然后只针对一个地区出价，让排名更稳定。其实不会很麻烦，前期计划做好，直接复制一个计划出来，针对地区重新设置价格即可。

四是根据词性，每个计划至少分五个推广组。这主要也是为了创意更自然地匹配关键词，从而提高创意的点击率。比如可以把某款产品按照厂家、设备、质量、价格、品牌等分成五个推广组，创意自然就很好写了，如针对质量的创意，只要突出××产品怎么样，××产品哪家好等。

五是 PC 端和移动端分计划单独出价。其实目前 360 的移动端用户量非常少，分开出价效果不明显，很少人用 360 移动搜索。但毕竟 360 好搜的移动端上线不久，需要一段时间积累用户，对于有空的小伙伴可以尝试下 PC 和移动端分开出价，可以省不少钱。对于百度推广，这个操作就更有必要了，目前百度移动端搜索量接近 PC 端，很多关键词移动端消费是比 PC 端高的，PC、移动分不同计划分开出价可以把控不同终端的价格和效果。

第四，腾讯广点通。

腾讯开放平台为第三方应用开发商提供广点通投放系统，通过广点通，用户可以在 Qzone、朋友平台的多个广告位上进行应用以及应用活动相关的精准推广。广点通是基于腾讯大社交网络体系的效果广告平台。通过广点通，广告主可以在 QQ 空间、QQ 客户端、手机 QQ 空间、手机 QQ、微信、QQ 音乐客户端、腾讯新闻客户端等诸多平台投放广告，进行产品推广。

作为主动型效果广告，广点通能有效实现更加智能的广告匹配和高效的广告资源利用。移动互联网环境下的广点通移动联盟已覆盖 Android、iOS 系统，广告形式包括 Banner 广告、插屏广告、开屏广告、应用墙、信息流广告等。

◀ 二维码营销 ▶

二维码营销可轻松实现线上和线下的有机结合，通过二维码将客户从线下引导到线上，引导用户访问企业网站，从而提升关注度和品牌形象，带动客流量和销售量。二维码营销只要运用得当，几乎"百试百灵"，目前已被不少企业成功运用于各大平台。但同时也有不少企业发表了自己的一些困扰：不同的产品，不同的活动，都需要不同的二维码，花费了大量时间去生成后，总是不可避免地会出现一些混乱或错误的情况，效果监控也不理想。

二维码的运用是非常有讲究的，用户不是看到任何二维码都会扫码。只有对产品感兴趣才会扫。二维码营销的最基础应用就是，引导用户进入手机网站，让他们直接看到生产商希望消费者看到的内容。从这点出发，我们必须在制作、展示、用户扫描、查看等每一个环节充分考虑用户的习惯和心理。毕竟掏出手机，找到扫描软件，对准二维码扫描，是一件很麻烦的事情，若不为用户考虑，就会被用户抛弃。不管营销方案怎么设计，以下五点是二维码营销必须要考虑的因素。

一、提供一个充分的扫描理由

手机网站必须有足够的诱惑力，能解决顾客的问题，例如售后、优惠等，还有就是大量顾客需要阅读的信息等。二维码本身非常难看——黑色方块点的聚合，所以在吸引用户眼球时就要多动脑筋。

例如，德国在线玩具商店就创造性地利用乐高拼凑出二维码模型，不仅可引导用户到商店而且可促进乐高玩具的销售，关联乐高箱子还可以直接通过二维码解码通从网站购买。也可以将二维码模型制作成任何外形，甚至自己的产品，然后将其展示在公共区域供人下载，唯一需要考虑的是用创造性的思维考虑二维码指向的目标是什么以及想表达的目的是什么。

二、必须建立移动版网页

当顾客已经被吸引，扫描完二维码后，满怀期待地等待，却迟迟无法打开网页，好不容易打开了，居然是电脑桌面版的网站，这样的营销还有机会么？移动版网页是必需的，必须有专业的移动版网站平台提供商，整个网页必须为手机设备优化，能快速加载页面，并且适应不同的手机浏览器类型和屏幕大小。如果不能提供，简单地放一段文字和微博链接等内容也比电脑版网站强。

三、体验感：内容编排要简洁

不是做了移动版网页就万事大吉了，要记住用户是有明确目的的，他们不想探索复杂的手机版网站，他们需要立即在他的小屏幕中找到需要的内容。针对移动设备的心理学调查表明，用户只喜欢一个维度的内容，稍微复杂的分类，用户就很可能关闭网页。所以，牢记一个原则：简单而清晰。

四、把二维码放在合适的位置

二维码到底应该印在哪里呢？高速公路边上的广告牌吗？这是为超人准备的！过道广告牌上和路边橱窗上的二维码，面对的是匆匆而过的人群，也很少会有人停留。楼顶灯箱广告上就更不靠谱了，你自己扫一扫就知道有多难。最适合的地方就是大家比较闲的地方，例如公交车站的灯箱、餐厅的桌角、电影院排队的地方。

二维码出现的地方最好是当用户从 A 处到 B 处的中间通道——例如地铁、公交、飞机或者火车上。在漫长的旅途中，两面的通道正是做市场宣传最好的地方，也是最理想的二维码出现的场地。等待时间和"通道时间"是有区别的，等待时间是指用户在等待上餐或就医等的时间段，是在目的地而不在路上。在此特别区分这两个场景是因为用户心理需求不同也决定了我们的活动重点不同。在等待时间，我们需要关注用户为什么等待，而在通过时间，用户更偏向完成任务。

此外，在没有手机信号覆盖的地方，若手机网页加载不出来，除了让用户骂以外，不会有任何效果，所以电梯上如果没有覆盖手机信号，最好不要设置二维码。

五、引导：二维码边上的文字提示

在二维码边上可以附上使用方法介绍，但是不要太详细，你不是专业培训二维码应用的，浪费宝贵的空间写扫描教程，会用的嫌你啰唆，不会用的根本不会去看。人人都有趋美趋乐的心态，文字提示能唯美就唯美，否则就追求有趣、搞笑。总之，不能死板。

很多企业印在线下海报、宣传单、商品包装上的二维码，仅仅是由于线下宣传营销内容量不够，所以编一个二维码，让消费者通过手机了解更多营销内容信息，如果这样的思维被固化，你就永远不会使用二维码！正确对待二维码还要注意以下四点：

一是快速策划和创建营销活动，最迅速的反应可能在几十分钟、十几分钟内就能把自己的营销活动策划、创建出来，而不是像传统营销那样花一两个月时间。

二是充分利用移动互联网固有的特性，即社会化传播，也就是"人传人"的口碑传播，而非之前传统媒体的"点到面"的传播方式。

三是利用二维码让营销内容通过消费者的手机通讯录、微博、微信等方式构造出"粉丝"互动营销模式，形成病毒式传播以达到群体性的影响和传播，然后通过简单的交易小票，引申出一次交易的结束就是一次营销活动开始的理念；只要形成"粉丝"互动模式，消费者就会有新鲜感，才会觉得有趣，才会愿意参与、乐于分享。

四是营销活动要形成闭环，即消费者线上参与商家的活动要能得到相应的营销品，可以是实物，也可以是折扣或者某种优惠的权益，然后 TA 到线下门店去兑现这种优惠，如此形成闭环。

只有做到这样的二维码营销，消费者才会更愿意去参与和传播，更重要的是，商家才能够得到整个营销活动的完整数据，这些数据有助于商家去评估营销活动的效果，评估不同营销传播渠道的价值，乃至于去优化，进而调整自己整个营销活动的策划和实施。

◀ 植入广告营销和视频传播 ▶

除了上面提到的自媒体营销、移动广告投放以及二维码营销，还包括植入广告营销和视频传播、在线直播路演以及微群微课的传播营销渠道。下面我们逐一进行简单分析。

一、植入广告营销：影视植入、游戏植入

植入式广告是随着电影、电视、游戏等的发展而兴起的一种广告形式，它是指在影视剧情、游戏中刻意插入商家的产品或表示，以达到潜移默化的宣传效果。由于受众对广告有天生的抵触心理，把商品宣传融入这些娱乐方式的做法往往比硬性推销效果好得多。平时热播的电影电视里，随处都可以看到其中植入的广告。植入营销相当于隐性广告或软广告，让观众在不知不觉中对产品及品牌留下印象，继而达到营销产品的目的。

一是影视植入。《爸爸去哪儿》曾是最火爆的综艺节目，口碑爆棚，收视率极高。第一季在索福瑞城市网收视率连续破5，网络播放量也超过了21亿次。第二季在所有上星频道中蝉联16期周五收视冠军，同时官微话题阅读量冲破200亿大关，漂亮地延续了第一季的精彩。而在《爸爸去哪儿》第一季到第三季都出现了金龙鱼的身影，这就是一种精准的植入广告，让人们不知不觉熟悉了产品却并不反感。

在《爸爸去哪儿》中，爸爸们笨手笨脚的做饭环节一直是节目中的重头

戏之一,而食用油则是做饭必备食材,每期节目都能派上用场,产品与节目高度契合,再加上巧妙的植入方式,观众丝毫不会觉得突兀,所以节目与金龙鱼的广告植入绝对是相得益彰。且问卷调查显示,《爸爸去哪儿》节目的收看人群多为女性,女性是日常生活类产品的消费主体,这也足以证明金龙鱼在营销上的用心和专业。

二是网络游戏植入。网络游戏用户的主要年龄集中在 16~25 岁,超过 70% 的玩家具有独立的思维能力和行为能力。一方面,中国父母对独生子女"补贴收入"的持续递增使得年轻人群正成为一支不可小觑的消费力量,并且恰恰是这部分人群的追新求异,让他们勇于尝试新鲜事物。另一方面,年轻人群是未来主力消费的生力军,在长期潜移默化的熏陶中培养他们对企业的品牌情感,是大有裨益的。网络游戏用户年轻、追求时尚、崇尚个性,乐于接受新事物,容易相互影响,有成长性,是未来高端客户的生力军。很多专家和组织对于网络游戏广告行业的发展都寄予了超高的预期。从这些数据来看,游戏植入式广告有巨大的增长空间,广告价值无可估量。

游戏植入式广告在传播上有着传统媒体无法比拟的巨大优势:一是目标受众明确、准确度高,游戏玩家的年龄集中在 16~35 岁,以学生和白领为主,特别是信息产业从业人员和企事业单位管理人员,这个族群独立性强、经济来源稳定、喜欢尝试新事物。二是广告送达率高,不受时间约束和空间限制。一款成功的网络游戏,每时每刻都有数以万计的玩家进入,并且成为一个 24 小时不间断运作的大众媒体平台,从而吸引了大量的注意力和访问量。

同时它的优势区别于以往任何一种广告形式,它是一种让目标群体主动探索和选择的广告。既丰富了游戏的内涵,又加强了玩家之间的交流。通过分析受众的需求满足相应的诉求，将广告在合适的时间、合适的地点推到目标受众眼前。传统广告通过直接的表白和诉求唤起受众对产品和服务的需求欲望，而植入式广告则通过精心策划把产品或者品牌安排到媒体的某个情节当中，使它们成为媒体故事情节的重要组成部分，让受众在毫无戒备的情况下接受关于产品或者品牌的信息，从而达到"润物细无声"的效果。可以说植入式广告跳出了传统广告的直白诉求模式，以更加隐蔽、积极、动人的形式进入观众的视野，轻而易举地突破了受众对广告的戒备防线。

二、视频传播：小视频分享、微群微课、在线直播路演

微商从开始简单粗暴地刷屏，到有方法、更规范地刷屏，大部分所展示的内容都是图文形式。而微信推出了一个功能，就是小视频分享，这对于做微商来说，是非常好的一个功能。比如你收货了，你见了谁，你去哪里送货了等，这些都可以通过视频的方式发出来，这样真实的展示，会让受众觉得更加真实可信。

现在很多人总觉得微商用图片造假、截图作假，如果用视频的方式发出去，可信度就很高。经常使用视频，这样你的客户、"粉丝"会更加有信心。所以小视频营销是打造极致诱惑朋友圈的秘密武器之一，要会利用，要利用好。

为什么说小视频营销的威力会很大，而且是未来的趋势呢？原因如下：现在智能手机基本都支持4G网络了，网络速度已经满足了视频的传播要求；网络基础运营商提供的网络基础流量已经足够多了，用户可以放心看小视频；小视频制作技术以及制作成本已经相当低，任何小白用户都可以来制作；朋友圈销售需要比图文更加直观、更有吸引力的营销方式。

一个微商的生意好坏，顾客关注度的多少，绝大部分在于朋友圈。所以既然要刷屏就刷出存在感。小视频营销让好友了解你的同时又知道你是做什么的，所以发一堆图片都没有一个小视频更具有场景感和带入感，小视频对于潜在客户更有说服力。

下面我们再看微群微课、在线直播路演这两种营销手段。

大家都知道微群微课是一种营销手段，我们这里且不说如何去营销，先强调不要把一个微群微课做成死群。

在网络上长期泡着的人，恐怕都有过加入某些群的经历。一开始怀着激动和兴奋的心情，但当抱着良好愿望加入一段时间后，却发现群里充满灌水、刷屏、广告，甚至两个群友一言不合，发生争执，愤而退群。而群主也会因各种琐事纠结，人数还不能太少，少于30人不成群，超过80人就开始热闹，超过500人又乱糟糟的不好管，不出半年，大家慢慢不再发言，最终成了一个死群。这个过程屡见不鲜。

所以，假如我们做商业化运营，就一定要认清我们能为别人提供的价值是什么。比如说微信群，你什么都不用做，只要坚持发红包，就有人打死也不走。但是只出不进讨好用户的做法未必合适。那么建立一个群，你的定位到底是学习群还是交友群？为什么你的定位能吸引目标人群加入？这其实是个大问题。

很多人建立一个群，开始想法很多，比如交友、交换资源、共同成长进步等。但是如果一个群定位太复杂，其实运营就会变味。所以，在建群初期，就要深入思考一个问题：对于群成员而言，加入一个群会得到怎样的回报？因为人类是趋利的，他要计算自己的付出（比如时间成本）与回报是否平衡。群主要问自己能用什么样的方法给别人一个留下并活跃的理由。

在线直播路演也是如此，网红 Papi 酱就是走这样的路线。而 Papi 酱的红也有人担忧，这种营销的路能走多远？在线直播路演要的也是内容，只有好内容才会吸引"粉丝"，而且这种内容的营销还需要不断创新。

◀ O2O 全渠道营销 ▶

一、什么是 O2O 全渠道营销

未来的零售体系将不分线上线下，而是全渠道化的概念。也就是说，一个零售店要想发展下去，就必须线上线下都做得很好；两者是完全可以融合到一起的，线上与线下，相互联系，扬长补短，这才是销售的革命之路。

什么是全渠道？我的理解就是：以实体门店和地理位置为体验中心，以新老客户关系拓展和维系为根本核心，以互联网应用为沟通手段打造线下线上融合的渠道价值体系。在这个价值体系中，线下门店依然是运营的核心，在此基础上应用互联网，以客户需求为根本出发点，建立他们喜欢的沟通环境和策略体系，传递品牌和产品价值。

大家想想看，对于一两个客户我们还能仔细地去区分出他是线上还是线下的客户，对于一两个订单我们还能仔细去辨别出它究竟是线上的还是线下的订单，但是对于成百上千的客户和订单我们还有时间和能力去区分吗？所以说，在不久的将来可能没有线上和线下之分，我们只知道这就是我们的销售渠道，全渠道去做营销。

因为我们要把产品卖给顾客，就要了解顾客会怎样获取产品？顾客会全渠道地搜寻。比如，当顾客决定购买一辆汽车时，下班途中就会留意马路上的汽车品牌和造型，走进自家电梯间会关注墙面上的平面汽车广告，进家后习惯性地打开电脑进行网络搜索并查看评论，边做饭边用手机发微信咨询好友的购车体验，饭后坐在电视机前留意汽车广告，同时用 iPad 浏览汽车网页，第二天上班时与同事面对面地交流用车心得，有时间还要去汽车 4S 店逛一逛。

当下已经进入信息透明化、碎片化、自媒体的时代，顾客搜集信息使用的渠道越来越多。因此，全渠道顾客群的全渠道信息搜集，要求企业提供全渠道信息，否则将丧失被顾客发现和选择的机会。

二、全渠道下的顾客购买过程与消费选择

狭义的购买过程包括下订单、付款、收货三个阶段，以往这三个阶段基本是在同一时间和空间完成的。换句话说，是通过单一渠道完成的，例如都是在一家百货商店或是超级市场完成的。

在多屏幕的互联网时代，普遍存在全渠道购买的现象。一个最为简单的例子是：顾客在网上挑选自己满意的商品，然后去实体店铺进行查看实物和试用、试穿等，用手机拍照发给朋友征求意见，如果满意，再去网店下订单，用手机支付，通过快递公司将商品送达小区的便利店，下班后自己去便利店拿取。这位顾客购买过程的完成，无论是下订单，还是付款、取货，都面临着多种渠道选择，每次选择也带有一定的随机性。

因此，顾客群的全渠道购买，要求企业考虑是否进行了全渠道销售。如果不进行全渠道营销，顾客购买商品的过程中很容易选择别的商家。例如，诸多天猫、京东平台上的品牌商，由于不支持货到付款而流失掉一些谨慎和保守型顾客群体。

另外，顾客会全渠道地选择消费。对于一些文化、教育和娱乐类型的商

品，呈现的商品形态为信息形态，可以不依赖于物质实体而存在，这就催生了线上消费的模式，例如，可以通过 PC、iPad 和手机在网上读报刊、玩游戏、听课程，也可以看电影、听歌曲等，同时为了有现场体验，也可以读实体报刊，到教室听课，去电影院看戏等。在地铁里我们会看到有人拿着报纸看新闻，但更多的人用手机浏览着网页或是刷微信，而当人们回到家里时，通常是手机、iPad、电视、实体书刊同时享用的状态。因此，顾客群的全渠道消费，要求教育、出版、文化、艺术、影视等机构进行全渠道营销，否则就会被淘汰。例如今天纸媒已经风光不再了，下一批受到巨大冲击的会是电视、教育、文化等行业。

以成功进行全渠道营销的小米手机来说，其在营销周期的每一个环节，都考虑了全渠道营销的战略。目标顾客选定为手机"发烧友"，属性定位于低价格的智能手机，利益定位于省钱享受智能手机的体验。如何实现这一定位呢？就是根据目标顾客特征，通过全渠道战略与顾客购买过程的匹配进行营销要素的组合。

小米开发了小米手机、MIUI 系统（应用商店）和米聊三大业务板块，利用微博、微信、论坛、贴吧、空间等新媒体与顾客互动，让顾客参与手机和应用系统的设计，在线上线下（后者指移动运营商、小米之家和授权维修点）销售手机和应用系统，进行售后服务，接受正反两方面的使用评价，例如在小米论坛中也有谩骂小米的帖子，但是小米不去删除。小米有 50 万"发烧友"，让一个发烧友影响 100 人，就有了庞大的目标顾客群。由于采取全渠道（特别是线上渠道）开发客户的策略，节省了大量的顾客开发和广告成本；由于采取了全渠道（特别是线上渠道）分销产品的策略，节省了大量的分销成本。而线下分销价格为 1500 元的手机，其零售价格构成为：生产成本

500 元左右,代理商和零售商的加价分别为 300 元和 500 元,还有 200 元左右的广告费用。

小米全渠道营销节省的大量成本,可以用于研发新的产品和给顾客提供低价的好产品,小米智能手机仅售 1999 元,实现了省钱享受智能手机体验的定位点。

全渠道购物者正在崛起,对于全渠道营销的架构,把消费者、供应商和商店有机地、完整地结合起来,实现全渠道的最终目的。

◀ 成功企业案例分析 ▶

一、搭上二维码，让播放更随心：优酷的 APP 解决方案

优酷是国内最大的视频、影视综合网站之一，很多人喜欢在优酷看视频。然而，如果用户在电脑上正聚精会神地观看优酷视频时，突然来了个电话，或者中间要外出，那么，很多用户一般会选择暂停视频，等办完事回来再看。但这种方法，在提倡节能环保的今天，有点太"奢侈"，而优酷针对这一问题用 APP 提供了一个解决方法，那就是用优酷 APP 扫描二维码同步视频播放进度，用手机接着电脑上的进度看，不用重复看前面那一段，也不用小心翼翼地在手机上拖进度条。

在电脑上用优酷视频网页版看视频的时候，视频下面有一个"用手机看"的按钮，在分享按钮条右边；然后打开手机上的优酷视频客户端，按菜单键——点击第一个按钮"扫一扫"，手机屏幕会出来一个二维码扫描框，将扫描框框住电脑上的二维码；完成二维码扫描后，优酷 APP 就会跳转到刚在电脑上观看的这个视频的信息页面，还有电脑上的播放进度提示；点击手机上的播放按钮，进入视频播放页面，可以看到手机上的视频播放和电脑网页版上的同步。优酷正是利用二微码的这一特性，网络了很多手机用户。

二、在游戏中植入梦想：马柯南用做 APP 的形式为跑车做营销

大众汽车的马柯南，在 2013 年将旗下所有的跑车装入一个名叫"超级竞

速"的手机 APP 游戏里，希望通过这款赛车 APP 游戏，为目标消费者植入跑车梦想。他算了一笔账，认为相比投放一个电视广告而言，这样的 APP 营销非常划算。从观众的角度看，也许电视台在插播一则广告的时候人们并不会非常专注，大家可能喝水去了，或者一边聊天一边看电视，不一定会关注广告。而从产品黏性看，玩"超级竞速"需要非常专注，因此这是一个明智的选择。

跑车不同于普通汽车，从初始研发跑车的愿景就是：在有限的时间内，在赛道上创造最好的成绩，因此在刹车系统、底盘系统、引擎系统等环节上都会有特殊设计。"就像我们穿的鞋子，有皮鞋、跑鞋、篮球鞋。"马柯南比喻这种功能上的细分和设计强调的侧重点完全不一样。当然最关键的是，跑车解决的不是 A 点到 B 点的距离，而是 A 点到 B 点的享受过程。

虽然中国市场还是跑车的新兴市场，但马柯南认为，跑车市场在中国是最没有水分的，也是最健康的市场。从比例上看，目前跑车仅占中国汽车市场的 0.1%，而成熟汽车市场可以占到 1%～2%，马柯南认为这里面有 10 倍的增长空间。

马柯南阐述大众之所以愿意用做 APP 的形式为跑车做营销，是因为中国是最大的移动设备使用市场，和跑车"粉丝"沟通互动必须要选择数字营销的方式，可以用这种方式把跑车文化带入中国，让更多的人体验到速度与激情，开始产生想要拥有一辆跑车的梦想，并且触及潜在用户群。

大众最终找到了魔鱼公司作为合作伙伴，推出了"超级竞速"这样一个超级跑车玩家的免费游戏。大众特意为这款游戏植入了很多亚洲相关的元素，有上海的超级赛道，有新加坡的夜间赛道。

从玩家的角度看，这款游戏对于普通人来说稍有难度，然而游戏中的每款赛车都非常逼真，不但配置了不同的轮毂，还有极其真实的内饰。赛道设计和天气设计也模仿专业比赛场地。从论坛上玩家的反馈来看，尽管大家认为缺乏重力感应是一个大的缺陷，但是产品的逼真设计还是得到了普遍认可。

从产品下载量看，超级竞速在全球被下载了 750 万次，包括通过分享按钮分享到社交网络上的点击。同时，这款游戏有直接联通到最近经销商的按钮，可以通过游戏界面直接从线上转入线下。

马柯南认为，从灵活性、互动性、线上到线下的价值而言，这笔生意很划算。而对于数字营销的 KPI 考核不同于传统媒体，它依据的是非常直观的数字，因此产品下载量、点击数、从线上转到线下的成本都是考核的参数。所以第一步是，找到什么样的平台能够触及我们的目标用户群体；第二步是效率，哪一个点击转换成本最低，也就是点击成本最低。这两个点是马柯南在选择数字营销时考核的标准。

如果说做跑车 APP 的目的只是为了让品牌在消费者面前获得更多的出现机会，大众显然没有必要花费过多精力。在马柯南看来，大众希望通过游戏植入的"跑车梦想"还有一层更深的含义，那便是品牌的内涵。

跑车营销最重要的是什么？马柯南给出的答案是：品牌形象管理。只是从品牌形象的角度看，跑车在中国文化里似乎只与速度与激情有关，而缺乏进取精神等更多的丰富内涵。一直以来跑车在中国很容易让人联想起"富二代"、不文明驾驶等负面印象，大众希望通过植入游戏给人们带来"跑车梦想"更加正面和丰富的形象。

三、全渠道销售：劲霸的 O2O 布局

劲霸男装在 2014 年就开始布局全渠道，线上线下打通全渠道营销。将全

渠道整合联动来做创新型实践是劲霸转型发展的关键一步。劲霸相关负责人表示，通过线下专卖店做全渠道营销，大大提高了消费者的品牌意识，凭借品牌效应，能够随时随地满足消费者不同场景的消费需求。这也正是劲霸男装计划借助互联网实现的高效率营销。

众所周知，布局全渠道是一个循序渐进的过程。劲霸男装根据自身情况，分段进行布局。第一阶段，劲霸男装"由内到外"搭建了企业内部的全渠道架构，即设立了门店导购、微信商城、微信会员门户等移动端应用；第二阶段，劲霸男装实现了与第三方合作平台的订单下行；第三阶段，打通了天猫商城商品通道；第四阶段，将整合线上商城、线下专卖店和物流，实现"线下千店一面，线上千人千面"的新格局。劲霸通过四步走战略，从而实现真正的全渠道营销布局，使品牌效应更为突出。

【本章结语】

商业模式如果是战略的话，真正的营销才是战术。打好营销之战，是每个企业的重中之重。自媒体营销、移动广告投放和移动端竞价、二维码营销等新型的营销手段已经被熟知并运用。学会使用这些新的营销手段，再配之以影视植入、游戏植入，并展开O2O全渠道营销，那么卖产品或卖服务就不再是一件难事了。有了好的营销战术，还愁找不到用户吗？

第六章
锁定用户

重点内容

- 鱼塘：发现和引爆你的精准用户
- 引流：从外围到内场
- 体验：用场景影响购买
- 锁销：抓牢客户终生价值
- 圈养：培育忠诚度满足客户
- 成功企业案例分析

◀ 鱼塘：发现和引爆你的精准用户 ▶

一、如何发现精准用户

在海里打鱼，不能见海就撒网，一网下去有成本，没有目标地乱撒网会亏本的。一定要找到鱼群，一个群全是同一种鱼，一网下去打上来十万条鱼，收获大、成本低，不然一网下去有鱼有虾，乱七八糟，这一点东西还不够你分拣的，卖的那点钱还不够人工成本。我们在做广告的时候，一定要找到精准用户群，织多大的网、用什么样的饵、在怎样的水域都直接关系到目标群体的选择。

这个群在哪里？我们有 QQ 群、微信群、微信朋友圈等。大家可以大胆地想一想，新浪网是一个超级大群，新浪网中的一个频道也是一个群。比如，明星八卦是一个频道，那么这个群里就是喜欢明星八卦的人，再往细分，频道里面的每一个帖子也是一个群。近日网络刷屏王宝强离婚事件，有的人就绝对不会进去，觉得跟自己没什么关系，但底下有顶的有骂的，反正对这个话题感兴趣的这伙人，要么是王宝强的"粉丝"，要么是凑热闹想要宣传自己看热闹不嫌事大的人。有的电影拍得很烂，票房却很高，大部分是冲着自己喜欢的演员去的，他们是电影导演或者主演的"粉丝"，于是好多人也不管电影到底怎么样就去看，所以这些"粉丝"就是一个鱼塘，"粉丝"和群一旦聚起来就会形成一个精准客户群，这样的客户才能转化为价值。

根据市场的测算，一个品质"粉丝"相当于 100 元，所以，一旦你捕获了 10 万个精准"会员"，只要发挥他们的价值，那么你一年将至少赚 1000 万元——无论你销售什么产品，绝大多数行业都有类似的规律。要想"网上抢钱"，就要"手机里先抢人"，未来的营销只要把广告推送到消费者的手机上就是最好的营销。所以，要尽快把潜在客户吸引到自己的鱼塘里来。但是该如何吸引呢？

二、如何俘获用户芳心

一是营销主题定位要精准。如果说你的产品只是针对高端时尚人士的，就要将目标锁定在有消费能力和消费需求的这一类人身上。了解用户合适的诉求，准确找到切入点是关键。高质量的"粉丝"和不易流失的老客户，还能给企业起到一定的宣传作用，加大品牌传播。精准的"粉丝"不在数量多，关键要对"粉丝"进行口碑营销，结合线上线下推广，让企业更具有公信力。正规地推广，切勿急功近利。

比如，Roseonly 的目标顾客是都市白领，他们追求浪漫时尚有品位，所以锁定白领中的 1000 万人，满足他们用最美丽的玫瑰花传递爱的诉求，因此营销定位于"爱"。

有趣的是，Roseonly 在其"粉丝"达到 40 万时，80% 是女性，但购买群体中 70%～80% 是男性，目标顾客在购买玫瑰花时，会全渠道地搜集信息，选择最好的玫瑰花，全渠道完成购买过程，在消费过程中也会多渠道地与朋友分享，发微信、发微博、口碑传播等。

为了表达高贵、浪漫的爱情定位点，Roseonly 在全世界选择最好的玫瑰花——厄瓜多尔玫瑰，而且选择最好的皇家玫瑰种植园，在园中百里挑一，为了避免交叉感染，每剪一支玫瑰换一把剪刀，空运进口。包装也是精心设计的，花盒上有提手，便于提拿。顾客可以根据自己的需求在网上和实体店铺定制。为了表达爱，公司采取了高价格策略，一支道歉的玫瑰零售价399元，表达爱的玫瑰平均零售价为一支1000元。通过网站、网店、名人微博、微信、E－mail以及实体花店等进行全渠道的信息传播，诉求的主题为"一生只送一人"。顾客下订单、交款也可以采取线上线下的全渠道形式，不过需要进行身份认证，一旦注册了，一生就只能给一个人送花，公司不会负责给第二个人送花，哪怕顾客已经移情别恋了，以凸显"一生爱一个人"的价值定位。这也是所有知道它的女性都希望收到男友送来的Roseonly的主要原因。顾客可以到实体花店自提，也可以接受送花上门，与京东、天猫送货员不同，Roseonly的送花者都是时尚、帅气的小伙子，还有外国帅哥。

二是人群定位要精准。一个户外活动的微信群，群成员一定是喜欢这个活动的人，如果在这个群里投放一些户外用品的广告、户外俱乐部的活动，或者相关的产品，那么转发率一定是非常高的。再比如，做母婴产品的，可以找到很多这种妈妈群，生了孩子的妈妈在一起建个群交流怎么带孩子。还有一些育儿论坛，比如宝宝树、妈妈帮，里面有很多主题，每个主题下都有很多相关内容的讨论，客户非常精准。再比如，一个股票交流群，群里大部分是炒股理财的人，如果在这里发一些炒股软件、炒股专用书籍方面的广告等，就会很合时宜。

找到这些群并加入是第一步，如何在这些群里把广告打出去才是关键。来看下面的例子。

有一个做早教课程的人，加入了很多妈妈群，她并没有一进去就强推广告，因为人们都很反感广告，说不好一发广告就被踢了。她研究了一下，一个群里能起到引领作用的无非是群主、专家和活跃分子。

群主是建群的人，"此山是我开，此树是我栽"，群主是群里最牛的老大。此外，群一定有各种主题的，有一种人是专家，他是这个群里面很重要的知识贡献者，没有他这个群不热闹，也有可能群主就是专家，一般专家都建一个群，有时候专家水平不行就请更牛的进来当专家。活跃分子就是上蹿下跳跟谁都很熟，很活跃，既不是专家又不是群主，因为自身资源少，就是混人头嘛。她发现想做广告，必须找到这三类人才可以。在群里最容易找到的其实是活跃分子，这种人的特点就是喜欢表达，活跃度高，情商高，人缘好。

于是，这个做早教课程的人的策略是，广泛找一些有用的育儿资讯和育儿文章，推送到群里让这些妈妈们看，妈妈在这些文章里得到的是知识，而不是广告。时间久了，有很多人主动加了她的微信号。凡是主动来加的朋友基本就是精准用户了，这时候直接发送广告信息转化率会非常高；而这些育儿知识的内容请群主或者活跃分子帮忙转发，只要按着文章阅读量给予一定报酬即可，比如用阅读量来换取一些母婴产品。

一般群主很乐意把自己的剩余价值变现，同时具有一定专业度且广告痕迹并不明显的文章也会给群加分，提高群用户活跃度，这样能形成双赢的局面。同时，她还参加很多线下活动，比如绘本阅读、亲子活动。参加这种活动的时候，就把参加者的微信都加上。很多人都有微信朋友圈，这个跟QQ群不同，是搜索不到的，需要有邀请，关系稍微混得好一点大家都愿意把你拉进群内。跟群内活跃度高的朋友商定，让他们帮着发文章，她按照文章浏览量给对方酬谢。就这样，她锁定了很多精准用户，早教课程推广得很好。

不论是 QQ 群、微信群，还是论坛好友，我们的目的是为了找到属于自己的精准客户，然后把他们引到自己的微信公号等自媒体或自平台上来。在营销层次方面，就不能简单地推送消息了，而是要进行客户定位和内容定位。结合企业、产品的特点，从用户角度去思考，一定要牢记，移动互联网营销是为终端客户服务的。送鱼饵不是一个简单的事情，一个鱼竿推下去就行了，最关键的是"鱼饵"是什么！要记住，所有的用户是冲着内容来的，只有推荐的内容有价值，才能黏住他们，才能产生互动效果。

◀ 引流：从外围到内场 ▶

一、微信引流的八种方法

大家都知道精准客户的重要性，流量的重要性，但很少有人能积极主动去做引流，把客户引到自己的鱼塘里。或者说，有想法却没有技巧和方法。那么，微信引流的方法有哪些呢？

一是通过微信摇一摇、漂流瓶等主动加人。这个工作严格意义上说还不算引流，但有的人不辞辛苦，每天这样做，日积月累也小有所获。QQ 推广这招是比较实用的，就是利用私人微信小号加 QQ 上的好友微信，然后再将微信小号的好友转化到公众号上。可以先加目标人群的 QQ，这样你的客户既是你的 QQ 好友，又有机会成为微信"粉丝"，一举两得。我做本地微信号的时候也常用此方法，自媒体微信公众号用这个方法也很好。

二是通过 QQ 群找到目标客户群。大部分人在用 QQ 群，通过不同类别的 QQ 群，可以找到目标客户群。但会做引流的人往往在内容上下功夫，组织一篇好文章带上自己的微信号或二维码，上传到群文件。标题要吸引人，还要掌握发文件的技巧，不然会有被踢的风险。

三是论坛引流。论坛引流就是发布软文，在文章中间巧妙地插入微信号。但是帖子一定要写得好，标题夺人眼球，价值感强，同时要给读者足够的想象空间，诱惑他来加你。

四是微信小号推广。利用微信本身的资源来推广公众号是最容易的方法，也是大部分人都在用的方法。可以利用小号加好友，每个小号加四五千好友都没问题，然后再通过小号来转化。

五是朋友圈互推。如果你的朋友圈好友达到一定的数量，这个时候可以找一个同样数量的人互推一下，交换一下"粉丝"，一人一千"粉丝"，交换一下每人变成两千，还是有很多人愿意做的，主动去收集一些大号联系方式，想办法搞定他。这个效果应该是最明显的，但是"粉丝"不一定精准。

六是借力。借力和互推是一个道理。关注和你目标客户比较接近的自媒体人，绝大部分的自媒体人都提供广告业务，观察他的真实流量，付给他一笔广告费，会为你带来数量可观的"粉丝"。

七是微信群。微信群和QQ群一样也是鱼塘，所以引流的方式大同小异。一种方式是在群里勤互动，多贡献价值，吸引别人主动加你；另一种方式是暴力推广，准备大量的微信群，用小号发软文吸引客户加大号，这种方式的前提是要准备大量微信群。

八是分享原创文章。很多高手最常用的一招就是原创文章，分享"干货"，只要有价值就会在网上广泛传播，会为你带来大量"粉丝"。总的来说，这个方法是最好的引流方法，前提是要能贡献有价值的内容。软文推广比较适合一些企业推广自己的公众号，自媒体类公众号也比较适合用软文方法推广。写好软文之后，发布到大流量的平台。点击量达到10万的话，也能吸引不少的"粉丝"关注。这种方式能否成功重点在于软文的质量，还有发布软文的平台。

二、引流的成功案例

上面是我们公认的一些引流方法，下面我们再看几个比较成功的例子：

案例一:

一哥们儿在微店卖面膜,他需要大量精准女性"粉丝"。于是他找到一个经常给写字楼送外卖的小哥,然后与他商量,你送外卖的时候,如果是女士订餐,麻烦你赠送她一张我们的面膜,并要求她扫描微信二维码加我为好友。第一天测试,送出去面膜两百多张,就有150多人加她,而且都是精准的"粉丝"。测试有效后,他就继续复制,后来又与写字楼附近的肯德基、麦当劳,还有一些送盒饭的快餐店合作。一个月时间,他就积累了5万多的"粉丝"。这5万多的"粉丝"该怎么运用呢?怎么把自己的面膜卖给这些"粉丝"?为了增加自己的知名度和信任度,他每天与"粉丝"们互动,通过观察把活跃的"粉丝"拉到一个独立的微信群里,每天交流护肤经验,不定期地送红包,慢慢地培养感情。预热了一个月,他觉得火候差不多了,就开始向微信群里的人推荐自己的面膜,第一天,他就轻松卖出了1万多张面膜……

案例二:

有一个人想卖一个炒股软件,他加了网上那些期货群、股票群。刚进去,自己跟不上节奏,对于股票和期货知识,他懂得不太多,也不是很专业。他用最土又最笨的办法,在这个群里狂发红包,期货群都是有钱人,很有钱的人,土豪们刚刚开始用微信,觉得发红包太有意思了。虽然这些土豪不差钱,但是他们抢红包依然很开心。人永远在比你多的事情上有优越感,你在这个群里抢了五块钱,我在这个群里抢了15块钱,我有优越感,很强烈,于是就产生好感。他在每个群里发红包,包个红包一千多块钱,大家觉得在这个群里抢得多,特别有好感,他加谁都能加上,这家伙狂加人,注册了几个微信号,加了一堆人,这个时候就把他那个软件广告放到上面去,转化率高到什么程度呢?50%以上。加一个人买一个,多吓人!

除了上面的引流的案例和思路，我们再看几个比较奇葩的引流方式：

一是淘宝的好评。微信号出现在淘宝的好评上，好评貌似是不能删除的，如果购买量巨大，有很大的引流作用。

二是以微信号做签名，二维码当头像。我们大胆想象一下，以后的现实世界里，每个人头上顶一个二维码，自带扫描，这样一来名片啥的都弱爆了，够狠！

三是微信公众号文章留言。只要前面的评论够精彩，有机会被引入精彩留言，加上这篇文章如果有 10 万 + 的阅读量，你的微信号就有可能被阅读到。

最后总结一句话，不管怎样引流，关键是要去执行，否则再多的思路也只能是参考。只有去尝试着做过，才能知道哪种引流方法更适合自己，更能增加"粉丝"。

◀ 体验：用场景影响购买 ▶

一、品牌的场景在哪里

在传统广告时代，广告就像在教堂里放广播，消费者只能静静地待在一个封闭的地方听品牌"传教"——而这种单向传播的"美好"时光已经一去不复返了。在数字化时代，品牌从神坛走下来，开始琢磨如何搭建自己的场景，吸引消费者一起来体验和参与，以达到用场景来影响消费者购买的目的。

品牌的场景在哪里呢？在微博、微信、minisite 吗？在数字营销疯狂被捧的这几年，创意好像都离不开这"三件宝"。事实上，数字空间是一个二维世界，易于传播信息而难以体验；而现实世界是一个三维世界，传播信息的效率相对较低却容易产生体验。

搭建有意思的场景，除了数字空间，不妨回到现实世界里走走看看，完全可以在场景中找到思路，在场景中找到灵感。请看下面这些例子：

一家咖啡厅，除了咖啡之外，还可以摆设一些有意思的产品，不只是智能"3C"产品，包括桌、椅、板凳、摆饰、店内装饰等在内都可以成为销售的商品。当消费者觉得得到满意的体验之后，便可以通过扫描商品上的二维码进行购买。

哆啦A梦、小黄人，还有呆萌呆萌的羊驼以及密室逃脱那样的场景设置是场景营销成功的典范。在体验消费时代，越来越多的商家扛起场景营销的大旗，寻找与目标客户群心灵沟通的情感密码。

迪卡侬体育用品就是一个体验型的卖场，经常会举办一些儿童的运动项目。他们有一款两秒速开帐篷，这个帐篷好开，但不好叠，所以他们举办了一个叠帐篷大赛，让孩子去叠，家长搭把手，举办这样的活动本身能吸引人，虽然眼下未必能直接起到促销效果，但从长远看，对销售必然会有正向带动，影响购买。

在电子商务还未盛行的年代我们购买图书，基本上都去新华书店，后来慢慢出现设计感、文化感、体验感都特别好的大众书局，我们就又都去大众书局，但互联网兴起后，我们几乎都在当当、亚马逊、京东上购书，线下实体书店的业绩惨不忍睹。

二、场景营销的心智影响力

场景营销是一个很实用的概念，生活中绝大部分时间我们都生活在场景之中，传统的传播方式大多是让我们被动接受强制的认知，在这种情况下，广告实际产生的真正效果实在是不尽如人意。举个最简单的例子，我们每天都看脑白金的广告，长时间背书不仅让我们无法对产品产生真正的购买欲望，还会产生品牌厌恶感。毕竟，脑白金背书的场景就是那一个——"送礼"，也就是说，如果我们不是在送礼的场景下，脑白金的广告对我们基本上没有任何用处。100%的广告花费，只能作用到1%的使用场景，这其实是对广告投放的一种浪费。而场景营销就在一定程度上弥补了这种弊端，通过线上线下链接重新构建场景，把广告投放到合适的时间、合适的地点，效果肯定大不一样。例如马上要过节了，我要给爸妈买点礼品，就在我面对商场琳琅满目的产品犹豫不决时，突然看到一则脑白金的广告，这个时候我的购买动机会大幅提升。

体验式营销的场景其实是一场心智影响力。当下的消费行为本身就带有一定的场景暗示。无论情感上还是理智上，我们都受控于自我意识里的某个心智的共鸣。简言之，场景营销就是判断消费者在当下场景中的需求，然后给用户推送相应的品牌。

场景营销的实质至少应该包含四个层面的内容：人、需求、产品、场景。场景营销的实质是情感营销和体验营销的结合。营销过程中，通过将产品植入场景，用场景触发目标人群的视、听、触、嗅等神经，充分刺激和调动目标人群的感官、情感、思考、行动、联想等感性因素和理性因素，来完成营销。

所以，成功的场景营销，应该是通过巧妙的方式，将目标人群很自然地带入融入产品的场景中，通过场景让目标人群产生相关的记忆、联想、情感，进而完成对目标人群心智的影响，让他们产生实际的购买行为。

◀ 锁销：抓牢客户终生价值 ▶

一、营销的本质是锁定顾客终生消费

锁销很好理解，就是锁定消费者，让其变成终生客户。成功卖出产品不是与客户关系的结束，而是开始，或者是良性循环。

向顾客卖出产品即宣告销售结束，然后接待下一位顾客，这不是今天的生意经。销售并不是营销的最终目标，而是与顾客建立持久和有益品牌关系的开始，是把品牌购买者转化为企业品牌忠诚者的机会。销售的本质是培养终生顾客。顾客，就是给你送钱的人。有顾客就会有钱赚。顾客才是生意之本，赚钱之源。

可口可乐公司敢夸下海口说，假如世界各地的可口可乐工厂一夜之间被大火烧得一干二净，第二天世界各地报纸头版头条将会是，各家银行争先恐后向可口可乐公司贷款。可口可乐为什么会有这样的自信？原因很简单，可口可乐公司最重要的财富不是那些厂房，也不是厂房里的生产设备，甚至不是产品，而是成千上万每天不喝可口可乐就会觉得少点什么的忠实顾客。

优秀商人和普通商人最重要的区别在于，优秀商人眼中、心中有顾客，他们是围绕着顾客做生意；而普通商人眼中、心中只有产品，他们围绕着如何去卖产品做销售。心中有顾客的商人，每天想的是如何与顾客建立并维护好关系，他培养了一批愿意和他打交道、愿意从他手中买产品的人，结果，想从他手中购买产品的顾客排成队，他从不担心没有人来买自己的产品。

二、成交只是开始，收益更在后端

对于顾客价值，营销者不能只从顾客本次购买的产品为你贡献多少利润来衡量，而是要朝前看，看看顾客未来还能为你贡献多少利润。顾客价值包括三个部分：一是历史价值，即过去贡献过多少利润。二是现在价值，即现在能贡献多少利润。三是未来价值，即未来顾客还能贡献多少利润，这就是顾客的终生价值。销售工作不能只着眼于一笔交易的达成，更要努力挖掘顾客的终生价值，当舍即舍，自会有得。

客户终身价值通俗地讲就是：平均一个客户一生或一定周期内贡献的利润。我们看一个案例。

汽车美容店的老板找到一位商业策划师，向其咨询如何告别坐等生意的窘境，做到主动开发客户。策划师问他的第一件事情就是，如果锁定一个精准客户，一年时间你能够从他身上赚多少钱？包括洗车、修车、保养，还有购买其他汽车的周边产品等。他说一个精准客户被锁住以后，至少能够从他身上赚到3000元，这是比较保守的回答。

策划师再继续追问，如果吸引100个客户过来，有没有把握锁定其中一个在你这里消费一年？他感到非常惊讶，并拼命地证明说，肯定不止，要是这样都做不到的话直接关门就好了，最后他拍着胸口保证，如果是真正有需求的目标客户，100个我至少能够锁定30个。

策划师说，如果花30元的成本吸引1个客户进店，进来100个锁定1个你就不亏，按照你刚说的锁定 30 个，岂不赚大了！洗车的成本 5 元左右，完全可以提供 5 次免费洗车，总成本也就 25 块钱，但是转换成市场价至少相当于 100 元的服务。再比如汽车消毒一次，成本也不到 5 元，塑造一下价值，换算成市场价的话至少也是 60 元左右，洗车和消毒加到一起，两个成本刚好30 块钱，整体的市场价就是 160 元了，你说 160 块钱的服务对于车主来说有没有价值呢？然后你可以找一些中高端的消费场所合作，比如酒店、咖啡厅、高端足浴会所等，让他们把这张价值 160 元的服务卡当赠品免费送给他们的会员，他们的会员持这个卡就可以来你这里享受这 5 次免费洗车和汽车消毒的服务，这样来的就全部都是你的精准目标客户了。

听到这里汽车美容店老板已经豁然开朗了，获取客户真的就这么简单，完全不需要到大街上发广告，通过设计引流产品对接精准客户渠道（鱼塘）是最快且没有风险的客户拓展方式。

要知道，吸引 100 个客户进店只要锁定一个就不赔钱，锁定两个就赚了，我们不按他承诺的 30 个计算，哪怕锁定十个，这样的投资回报率都够高了！再延伸一下思考，难道锁定的客户只会开一年车吗？只要维护得好，有没有可能消费两年、三年、甚至五年呢？他们有没有可能还会介绍自己的朋友过来呢？所以说后端的价值更大，完全可以比预想的还要赚得多。

这个故事的思路很有借鉴意义。很多老板不敢免费送赠品吸引客户，并不是他们的格局不够大，而是不懂得精准渠道对接，没有分析到更长远的利益，更没有认识到客户终身价值的威力所在，换句话说，他们害怕有风险的投资。而一旦敢于去做小投资，往往能吸引客户，再加上有效、有情怀的营销，让客户产生信任并依赖产品，锁定客户，持续不断地挖掘客户更大价值就变得轻而易举！

◀ 圈养：培育忠诚度满足客户 ▶

一、顾客忠诚度是什么

顾客忠诚度是指由于质量、价格、服务等诸多因素的影响，使顾客对某一企业的产品或服务产生感情，形成偏爱并长期重复购买该企业产品或服务的程度。真正的顾客忠诚度是一种行为，而顾客满意度只是一种态度。根据统计，当企业挽留顾客的比率增加5%时，获利便可提升25%～100%。许多学者更是直接表示，忠诚的顾客将是企业竞争优势的主要来源。由此可见，具有忠诚度的顾客对企业经营者来说是相当重要的资源。

如今开店很容易，但要想很好地经营下去，那么这个店必须有它潜在的客源。顾客之所以购买你家店里的产品，主要是因为他们对你的品牌和服务非常满意，因此才会重复购买。只要顾客用得好，他们不仅自己用，还会主动推荐给自己的朋友用，如果一家店能建立起顾客的忠诚度，那么潜在客户会越来越多，店面人气也将会越来越旺。这是口碑，也就是忠诚度。

大到一家企业，小到一个店铺，如果不从顾客的角度出发考虑问题，做不到使顾客满意的话注定要被淘汰出局。现如今做得很好的小米手机，从产品设计之初，就从顾客的角度来定位。他们做的就是口碑，其顾客的忠诚度比同行的其他公司要高出很多。

二、如何培育客户忠诚度

培育客户忠诚度，应该从以下七个方面入手：

一是建立人际联系，然后线上跟进。在这个各种信息频繁更新的时代，消费者们，尤其是年轻的消费者，更希望在购物过程中与真人互动，这就要求销售者与客户建立真实的人际联系，然后再通过社交网络拓展关系。先卖人品、再卖产品是一条真理。

二是换位体验。如果你不懂客户，最好的办法就是自己去当客户。如果你是一个服务或产品的提供商，可以试着在竞争对手的网站上当一回客户，或者拨打对方的客服电话，或者买竞争对手的商品，哪些体验让你感觉很好、哪些增加了你的不快都一一记录下来。

三是提供不同的支付方式，让顾客购物更愉快。做网店也好，微商也好，不要把支付方式限定为一种，可以支付宝支付，可以微信支付，也可以货到付款或者分期，让消费者有选择的余地。否则，就像京东的一些商家因为不能货到付款，流失了很多想要货到付款的购物比较谨慎的消费者。

四是细节决定成败。网购经验告诉我们，要卖好一款商品，需要的不仅是商品好，物美且价格公道，更多地体现在细节上。比如客服的亲和力、发货的速度、退货的便捷与否，甚至小到一个包装和一句暖心的提醒，都能让客户有不一样的体会。

五是严格要求员工。不要想当然地认为你的员工会很在意你的客户。他们很可能不在乎。因此，你的职责就是告诉他们，希望他们能为客户提供良好的体验，并且这也会让他们的工作得到更多回报。

六是在恰当的顾客身上投资。忠诚的顾客是公司最宝贵的资产，而会员营销是一种深层次的客户关系营销，是维系企业与顾客关系的一种最重要营销方式。通过设计完整的商业环节，公司可以识别每一个客户的购买轨迹，推断消费者的习惯与偏好。有时候会有大量客户重复、频繁购买产品，如果不能从海量数据中识别个体客户的消费轨迹，那销售数据的价值将大打折扣。

七是提升顾客转换的"门槛"。提升顾客转换的"门槛"——转换成本，可以削弱竞争对手的吸引力，减少顾客的流失。第一种最常用的策略是对忠诚顾客进行物质奖励。如对重复购买的顾客根据购买数量的多少、购买频率的高低实行价格优惠、打折销售或者赠送礼品等。第二种策略是为顾客提供有效的服务支持。包括质量保证、操作培训、维修保养等，借此提高顾客的品牌忠诚度。第三种策略是通过有效沟通，与顾客建立长期的伙伴关系。沟通方式灵活多样，比如成立顾客俱乐部、开通回访专线等。

在当今电子商务营销竞争日趋激烈的大环境下，驱动用户重复购买的因素有消费习惯、网站服务体系的健全等，顾客的忠诚度不再局限于价格驱动型，而在向服务驱动型转化。作为电子商务企业，想要获取顾客的忠诚，应该把握好顾客需求和消费心理，注重用户体验，深入到每一个细节里。

◀ 成功企业案例分析 ▶

一、从别人的鱼塘引流：小艾妈妈有妙招

鱼塘原理告诉我们：你的客户，一定已经成为别人的客户了；你的鱼，一定已经在别人的鱼塘里了。你需要做的就是想办法在他人的鱼塘里找你需要的客户，将他们变成自己的鱼儿。所以，要想最快速度地扩张鱼塘，就必须寻找其他人的鱼塘，并巧妙地"渗透"进去。下面看看这位小艾妈妈是怎样把鱼引到自己的鱼塘里的。

小艾自从生了宝宝后，就经常去逛一些母婴类的论坛，她发现其中一个论坛流量很大，用户的活跃度也非常高，可以说这是一个质量很高的鱼塘。之前，她的目标用户是一些妈妈用户，她总去妈妈以及育儿主题的 QQ 群去推广。在 QQ 群推广，一天下来，主动加她的人屈指可数。小艾发现这个论坛后，每天就在论坛逛，看帖，观察这些妈妈每天都在谈论什么话题，哪些话题引起的评论比较多。同时，她在观察有多少人发广告，这个论坛对广告内容的容忍底线是怎样的。做过论坛推广的朋友肯定都知道，不同的论坛对帖子的容忍度是不一样的，同样的内容在这个论坛会被删，在另外一个论坛可能不会被删。小艾关注这些事情的目的就是为了找到最适合的诱饵，为将来的文案写作寻找方向。通过几天的观察她发现，很多年轻妈妈对宝宝如何添加辅食存在很多烦恼，她们不知道什么时候该加辅食，又该加些什么。

小艾想，只要能找到解决这个痛苦、满足这个需求的办法，妈妈们还不得乖乖跟你走！于是，她就花时间到网上找了一份关于辅食制作的电子资料，而且她是真的花了心思，把这份资料做得非常实用，又简单，容易上手好操作。资料有了，小艾就开始写了一份有吸引力的文案。首先，她给文案起了不错的名字"从厨房灾难制造者妈妈变成辅食天后妈妈"，当妈妈们看到这个标题的时候，好奇了，再加上小艾的内容也写得很风趣，让人喜欢读，发到论坛的文章，有很多人点击浏览。

更加巧妙的是，小艾把很多好文章的链接标题都放在了这个文案里，后面附上微信二维码，于是，很多人加了她的微信。如法炮制，小艾就在各大门户网站以及论坛里，收集别人感兴趣的话题和需求，写文案，推广。很快，她的微信用户从原先不足 50 人变成了几百人，而且都是精准用户。

二、场景营销：薛蟠烤串的场景设计

谈到"吃"，绝对绕不开一位大神级的人物——雕爷。雕爷一手创办了阿芙精油、雕爷牛腩、河狸家、薛蟠烤串，这其中的两个都和吃有关。相较于雕爷牛腩打造极致的口味，薛蟠烤串则更注重用餐过程中的场景体验。

几个好哥们，忙完一天工作，三五个人一块来上几串，酒足串饱，话匣子开始打开，而话题无非有三：第一，谈梦想；第二，话童年；第三，现实的不堪。而烤串对于他们最大的价值就是这些话题的载体。雕爷在做薛蟠烤串时，充分创造了吃烤串时的这些场景，将吃烤串这一单一的饮食方式变成了兄弟、哥们谈古论今的交流场景。

雕爷的薛蟠烤串，在烤串的肉、辣椒以及烤串的钎上都非常讲究，这些素材也都来自各个优质的产地，摆在消费者面前的则是"一肉二炭三辣椒，孜然井盐红柳钎"的最优质烤串。通过对烤串素材的翔实介绍，当食客拿着烤串的钎，可以感受到新疆成熟的一片片红柳；当他们尝到烤串上的辣椒，便能体味到云南魔鬼椒的"入味"、河南朝天椒的"色泽"、四川灯笼椒的"鲜香"；当吃到烤串的肉时，蒙古汉子驰骋在草原的场景想必又呈现在食客的面前。

除了烤串产品上的场景设计，在用餐形式上，薛蟠烤串将餐厅内分为"经济舱"、"商务舱"、"头等舱"和"大学生特价票"四个区域，其产品烤串是完全相同的，不同在于每个区域有各自的"打底餐"。也就是不同区域的茶水、开胃菜、烤海鲜、烤蔬菜、主食、甜品的组合不同。在不影响来客吃烤串的情况下，雕爷又将客户群体进行了一个有效的区分，既方便了不同层级客户的需求，也满足了不同用餐场景的需求。

雕爷的薛蟠烤串通过一系列的场景设计，让消费者真真切切地享受吃烤串的过程，所以，吸引了很多顾客并使他们成为老顾客。

三、服务营销：新航的"关注客户"

新航前总裁 JosephPillay 在创业伊始就不停地给员工塑造和灌输"关注客户"的思想。事实上，正是持之以恒地关注客户需求，尽可能为客户提供优质服务，新航才有了今天的成就。

在长达 32 年的经营中，新航总是果断地增加最好的旅客服务，特别是通过对旅客需求的预测来推动自身服务向更高标准前进。早在 20 世纪 70 年代，新航就开始为旅客提供可选择餐食、免费饮料和免费耳机服务；20 世纪 80 年代末，新航开始第一班新加坡至吉隆坡的"无烟班机"；1992 年初，所有飞离新加坡的新航客机都可以收看美国有线电视网络的国际新闻；2001 年，新航在一架从新加坡飞往洛杉矶的班机上首次推出了空中上网服务——乘客只需将自己的手提电脑接入座位上的网络接口，就可以在飞机上收发电子邮件和进行网上冲浪。在过去三年，新航花费将近 4 亿元人民币提升舱内视听娱乐系统，为将近七成（所有远程飞机）飞机换上这个系统，花费了超过 6 亿元人民币提升机舱娱乐设施和商务舱座位。

随着竞争的加剧，客户对服务的要求也如雨后春笋般疯长，"人们不仅会把新航和别的航空公司做对比，还会把新航和其他行业的公司从多个不同的角度进行比较"。为了在竞争中保持优势地位，新航成了世界上第一家引入国际烹饪顾问团和品酒师的航空公司，该顾问团每年为新航提供四次食谱和酒单。硬件只是基础，软件才是真功夫。

当然，服务的一致性与灵动性同时受到关注。比如，怎样为一个有十三四人的团队在每次飞行中提供同样高标准的服务？新航在对服务进行任何改变之前，所有的程序都会经过精雕细琢，研究、测试的内容包括服务的时间和动作，并进行模拟练习，记录每个动作所花的时间，评估客户的反应。

也正是由于如此关注客户，力争做到让客户满意，才有了客户的忠诚，使新航快速发展并有了成就。

【本章结语】

这是一个用户说了算的时代。只有锁定自己的精准用户，才能有买卖。把客户引到自己建的鱼塘里才能成为自己的鱼。要从外围到内场引流客户，用场景影响让客户获得美好体验，并抓牢客户的终生价值，才能培育客户的忠诚度。一旦有了"死忠粉"，卖什么或怎么卖都成了小问题。锁定用户不但要在大的方向上用心，也要在成交系统上下功夫，细节决定成败，也决定客户的去留。

第七章
成交系统

重点内容

- 成交主张：影响成交的核心因素
- 成交文案：用故事卖产品
- 分享裂变：有好料才能共享
- 巧用工具：支付工具、客服系统工具
- 提高转化率：重复消费和购买的原动力
- 成功企业案例分析

◀ 成交主张：影响成交的核心因素 ▶

一、影响成交的核心因素

任何一个卖家，在销售产品和服务的时候，最关注的，无非是如何吸引顾客来购买。但是很多时候，顾客去选择了别人，而自己只能找到很少的一部分顾客，甚至没有顾客。这是什么原因导致的？这背后又有什么规律呢？

首先，移动互联网销售，网站访问速度是非常关键的因素，拥有流畅的网站访问速度，才不至于因网站访问速度问题而流失客户。

其次，看网站的客户体验度。要想提高线上成交率，网站一定要有非常好的客户体验，让客户能够快速从网站获得他想要的产品或者服务。

再次，商品的信息一定要具有吸引力，商品的营销页面一定要有过硬的营销文章（前面我们已经强调过文案内容的重要性，后面我们再讨论成交文案）。

最后，必须要有客户成交记录或是成交列表展示在新客户的面前，同时最好再有老客户的好评价或反馈，也就是客户见证。

上面这几条是必须要做到的，但光做到这些还不够。有句话说："你想钓鱼，就要像鱼一样思考。"作为卖家，你知道买家是怎么进行思考的吗？他们在买东西的时候要考虑哪些点呢？毕竟冲动购物的人不多，便捷的购物渠道和可多家对比的网络现状，促使很多人成为理智消费者。消费者在选择消费之前已经对产品有了自己的思考，比如产品的质量（人人都想买质量好价格又便宜的）、方便性（也就是购买难度大不大）。比如，有些产品必须全球购，如果国内有，能让消费者选择马上成交的多数是国内的商家。再比如，购买的时候，同样的产品，预售的就比不过有现货的；要邮费的就比不过包邮的；在线支付比不过能货到付款的。这些都体现的是购物的方便性。

顾客购买产品，对于产品本身及其商家都会预先有一个认知，有了这个认知，也就会形成一定的信任度。同样的产品，放在不同的商家、平台，顾客对于他们的信任度是不同的，当然顾客会选择最可信的商家来购买产品。选对了平台和商家，消费者就已经提前有了价格预算，确定好了大概购买什么价格区间的产品。同样的一款奶粉，天猫、京东、当当、1 号店都有售，一比较一号店的价格最低，消费者大部分会更倾向价格低的。尤其在对比几家网站的情况下，会毫不犹豫选择价格最低的一家成交。当然，话又说回来，不要以为纯粹打价格战就能留住消费者，比如一些产品本身有一定的瑕疵，在使用过程中会出现损坏。顾客为了确保自己购买的产品能够得到最好的保证，就会选择从服务最佳的商家那里购买。比如，京东的一款平板电脑要1499 元，但是淘宝上有同样的日本水货平板电脑才 1299 元。你会选择哪个？我想大部分人会选择有服务保障的京东，虽然贵一些，但是买了放心。

从消费者的消费心理来看，一开始很多人的确是奔着电子商务产品便宜实惠去的，但是现在消费者对产品的价格已经不再那么敏感了，更多的是开始追求产品的价值。

对于价值高的产品，消费者愿意付出更多，这也就是为什么苹果这么贵，消费者还是彻夜排队购买的原因，其实网购也是一样，对于相当一部分人来说，网购只是一种非常普通的手段，一种生活习惯，他们在网上也并不在意产品的价格，更多的可能是对产品价值的关注。

好的产品永远是受大家关注的，正因为如此，企业在从事电子商务的时候，一定要把产品的所有价值都展示出来，这样既方便消费者对产品进行了解，也能使产品的价值得到充分的展示，赋予产品无形的价值。

二、深度促进成交的八大核心因素

网络营销跟其他实体店营销一样，要想让顾客马上付费，就要给顾客给予一定的激励，刺激他们购买，否则，消费者很难采取行动。例如我们在互联网上最常见的促销"秒杀"，其实质就是通过非常优惠的价格来激励消费者产生购买行为。当然，"秒杀"只是促进成交的一个点，不是常态，真正促进成交的核心因素，不只上面我们分析的，还要注意以下八大因素。

一是成交主张。我到底卖的是什么？到底是以什么样的价格卖这个产品？我该如何吸引客户的关注？如何去刺激客户的需求？可否把我的产品包装成一个全新的概念？客户究竟是因为什么选择我的产品？是因为价格低、促销、买一送一，还是其他原因，一定要搞清楚。

二是描绘愿景。我们的产品到底能够帮助客户实现一个什么样的梦想？怎样把价值体现出来才能让客户欣然接受？你是否能够清晰明了地把这个信息传递给客户？就像我们去买一桶方便面，不是因为方便面包装漂亮，而是因为要填饱肚子。客户买的不是产品本身，而是产品给他带来的好处。

三是独特卖点。我们和别人有什么不一样？与竞争对手比较我们的优势是什么？竞争对手无法取代和复制的核心竞争力在哪里？我的产品或服务能不能给客户带来眼前一亮的感觉？到底还可以设计出哪些独特的卖点？如何区隔自己的竞争对手？

四是零风险承诺。客户在选购商品时犹豫甚至拒绝你的产品，是因为什么？通过无数次的调查统计，我们发现绝大多数时候是因为担心做出错误的决定（害怕买贵、害怕买回去用不上、害怕买假货、害怕不像商家所说的那么好……）！所以，我们要弄清楚，我们的客户为什么不买单。他在担心什么、在犹豫什么？我们可以通过什么方法帮助客户承担这些风险以促使他毫不犹豫地下定决心购买？

五是赠品。人们不会买便宜的产品，只会买占便宜的产品！如何通过超有吸引力的赠品让客户产生物超所值的感觉？赠品的设置上讲求关联性、超值性，例如，客户在你这买了一台笔记本电脑，如果你送一个拖把（即使是很好用的），这两者就没有关联性，不能带动成交，但如果你赠送一个打印机，那就能体现出关联和超值感。当然，这只是简单的举例，相信卖家可以做出更多的想象。因此，我们要深度考虑，设计什么样的赠品，不仅能促进客户成交，还能长期锁定客户，就好像刚才送的打印机，往后还要换墨盒，甚至维修，如果能做好顾客关系维护，一定还能带来更多的收益！

六是价值塑造。价格不等于价值，贵或者不贵都是需要有参照物的，而客户的参考标准完全可以由你来决定；如果你能够深刻挖掘用户内心的需求和迫切需要解决的问题，你就能看懂客户愿意为此付出的价格。例如，你要卖一辆车给客户，如果只是代步，那恐怕客户不愿意出高价；但如果对客户而言这台车是身份的象征，能够给客户间接带来更多的资源和收获，那么客户就会为这个价值买单。所以要好好想想，如何让客户感觉你的产品价值远远超出你的产品价格？有哪些塑造产品价值的方法？

七是付款条件和送货方式。我相信很多人都有过这种体验，在网站看好了一样东西，准备买时却发现只能用银联支付不能用支付宝，或者只能用支付宝不能用微信支付，还有很多网站的商品要先付款才能发货，有些网店需要额外支付快递费……那这些情况出现的时候，客户的流失率是非常高的，所以给客户最便捷、最省心的消费体验，踢好临门一脚至关重要。

要让客户有紧迫感，让他们不徘徊和等下次，你要给他们找到一个合适充分的理由：我们常用的有限时、限量、阶梯价等方式。

八是解释原因。你为什么要降价？为什么要给客户赠品？为什么要求他立即行动？俗话说，无事献殷勤，非奸即盗。所以一定要给客户一个合理的解释，让他认为自己确确实实占到了便宜，而你给他的也是发自内心的真诚。所以要给客户一个相信你甚至被你感动的理由！

◀ 成交文案：用故事卖产品 ▶

一、故事对于转化率的效果是惊人的

一篇好的文案往往涉及一个出色的销售流程，架构一篇或几篇文案能完成从抓潜到成交的整个过程。

在当今自媒体时代，原本一些名不见经传的品牌或产品，利用自媒体以及高超的传播手法，迅速红遍大江南北。好故事，真的能带来好传播。很多人可能就是冲着这个故事去买单的。例如，可口可乐的创始人很神圣地宣布，可口可乐之所以风味独特，是因为其中含有一种"7X"的特殊物质，而其秘密配方，据说收藏在世界某地一家信用极佳的银行里，全世界只有七个人知道这家银行的地址，他们中有五位持有存配方的保险柜的钥匙，另两位知道密码，所以，必须把五把钥匙同时转动，并对准密码才能开启保险柜。而这个故事在全世界得到大量的宣传和讨论。结果就是分享过后，可口可乐又一次获得大量用户。内容会因故事而生动，其实营销就是讲故事，现在各大企业不都在讲自己的故事吗，只有故事才更容易传播和深入人心。

客户越来越见多识广，也对强势推销越来越有免疫力。他们需要被吸引住，而不是被告知应该怎么做。故事能有效果是因为它们触发了访客的情感，将他们拉近。事实上，近期一些科学研究已经揭露：这些故事触发了大脑产生激素，从而引起情感共鸣。

讲故事能营造真实氛围，建立信任感。客户在你这里下单，都是基于对你这个人的信任，没有人会购买一个不靠谱的人的产品。

例如你可以讲讲你有什么经历，比如你从穷困潦倒到众人敬仰，比如你由低到高的经济增长变化，越细越好，让人觉得你非常有人情味，是一个很贴近生活、很贴近目标客户的人。这方面可以去看看阿里巴巴创业的故事、褚橙的故事，还有电影《中国合伙人》等。

比如好好讲故事，引导读者从故事中提炼出价值，从你之前的伏笔中点明"经济从低到高"的变化的关键原因是什么，或者现在比以前好的原因是什么，你要推广的某产品的价值是什么，能给读者带来什么好处，能让他将来变得怎样，能让他瞬间摆脱目前的困境等。你的东西必须对读者有价值、有用。没用的东西，顾客钱再多也没心情浪费。

前面打了大量的铺垫，行动果断的顾客已经下单，或者向你咨询了。但是仍然有一些严谨多疑的顾客，他们半信半疑，拖拖拉拉。所以你必须在这时候帮他们一把，告诉他们应该做什么，具体的步骤，具体的念头。你要手把手教他们，千万不要指望他们自己会动脑筋找到你然后跟你下单。你将任务甩给顾客，顾客就将鸽子甩给你。

二、写一篇好的成交文案需要注意什么

一是言简意赅。文案内容要言简意赅，能够吸引客户眼球，不能吸引客户眼球的文案是没有任何作用的。比如，很多新手微商每天都复制上家的广告，这样一味地复制是没有什么效果的，可能上家自己都不知道文案的概念。所以这样很难转化好的潜在客户。

二是配图要有针对性。每张配图必须要有针对性，这样才能显示专业性。

比如微信朋友圈的配图搭配最好的方式是 369，图片尽量能够自己原创或加上统一的标识。

三是发图时间点要掌握好。目前比较好的发图时间是上午 8～11 点、下午 2～5 点、晚上 8～11 点，这三个时段是高峰期，可以适当多发。时间点如果掌握不好，可能很多潜在客户就看不到你发的信息。我们要站在对方而不是微商的角度去想，顾客什么时候会玩手机。最好的黄金时间是晚上 8 点过后。但是有时候也要看是什么产品，要根据产品的受众人群来选择发朋友圈时间，可以通过用一周左右的时间去测试总结出朋友圈大多数人选择浏览的时间节点。

四是文案要通顺流畅。很多人写的文案都不通顺，更别说吸引潜在客户了。所以首先你要当一回读者，把文案大声读出来，你的文案要吸引顾客，只有把产品传达到客户的内在世界，客户才会产生购买欲望。记住：你在意的是客户是否会购买你的产品，而你的客户在意的是你的产品是否对他有效。所以为了证明你的产品有效，配图就要发大量的客户成功案例，而不是一味地发自己的产品图，发太多产品图是没有效果的。

五是不要一味地复制或转发。我们发每条状态都要有针对性，要多发些美好的事物、别人没发的，晒给潜在客户看，才能吸引潜在客户，这样客户就会关注你、羡慕你，向往你的生活，只有这样才能满足客户对未来的憧憬。文案写得再好，最终只是为了完成一件事，就是走进客户的内心世界。所以如果一味地复制或转发广告毫无意义。

我身边有这样一起案例，是通过朋友圈销售面膜的。商家很少在朋友圈发布广告，更多的都是发布一些自己的生活，偶尔发一发该产品的动态与效果。更多的她还写一些跟客户之间的互动小故事，当然，这个朋友的文笔不错。写的一些小故事很有情怀和看点。刚开始没有特别在意，有一天她跟我们交流后，虽然我不知道她有没有学习过专业的营销，但是我发现她绝对把微信的奥妙用到了极致，因为她的微信总共只有不到 500 人，但是就有近300 个是她的客户，还有 30 多个是她的代理商，另外约 100 个是自己的朋友与伙伴。

这个案例想说明：微信上限 5000 人是足够的，如果这 5000 人都是你的客户，那么你的威力是非常大的。下面简单说说她巧用微信营销的整个过程：

首先，不会轻易加粉，加粉的方式主要是通过在一些女性类的 QQ 群及微信群与大家互动，在互动的过程中绝对不会推销自己的产品，而是非常有耐心地给大家建议和意见，而且每次的建议和意见都很有用，观点新颖。

其次，当成为好友之后，会用心分析自己朋友圈用户过去发布的信息，观察并分析该用户的年龄、职业、性格特点、婚否等特点。针对这些特点，她会选择推送一些符合这些人心理的小故事。

再次，主动建立联系，抛出话题带出自己的分析结果，主要是通过这一步建立一个好感（即使她发广告类的文案信息她的朋友也不会反感，但是她也不会发）。

复次，别人每天将更多的时间花在了吸引"粉丝"上，她花在了互动与交流上，每一个好友发布的生活、情感类的信息她都会主动评论或者是点赞。

最后，自己发布朋友圈也是非常有技巧，大部分的信息是自己的生活，主要是刺激一类的，就是给人感觉她是一个积极有正能量的人，而且生活过得也挺不错，偶尔分享一些女人应该如何对自己好的话题（引发共鸣），偶尔发发与产品有关的文案也是非常有技巧的，主要是使用产品后的改变与朋友生活的改变，刺激消费。

她轻松自如地掌握着整个流程，没有疯狂"吸粉"，而是让互动成为主要内容，这也是她营销成功的关键。

◀ 分享裂变：有好料才能共享 ▶

一、什么样的内容会在朋友圈得到自传播

从远古时代开始，"分享"就是人类的一大本能行为。无论是分享食物，分享情感，还是分享思想，其初衷大抵相似。如今，互联网技术让"分享"这一行为变得越发高效，"共享经济"也因此正式走进人们的视线。微商、电商无一不是靠分享裂变实现了营销的革命。

内容与传播是密不可分的，内容得不到传播，那效果只能大打折扣。如果一篇文章最开始有 1 万人阅读了，假如其中有 1000 人分享了，每个人分享的都有 100 人阅读，那么这个阅读量就达到了 10 万人，这个文章的传播效果就放大了 10 倍。假如这 10 万人继续分享，不用多说，效果大家都会明白，这就是分享传播的病毒效应。但绝非任何内容都能快速抓住人们的眼球得到分享。

作为一个营销人，我们需要不断创新，对于宣传、软文、病毒营销也是如此，沿用过去的模式只代表老套、落伍、过时，把用户当傻瓜，通过大量的、粗暴生硬的内容，以及不友好的方式比如邮件、短信、自动电话狂轰滥炸地做营销，这是自杀的节奏。

强推是非常伤害用户的。裂变式传播与传统营销的本质区别在于，裂变式传播建立在用户对传播内容认可和自发转播这个前提下，不需要外驱力，

内驱力就足够保证传播。事实上，朋友圈只有这几种内容会得到自传播：

第一种，利益诱导。比如转发 20 个好友，就给一个水杯或一个书包、一把伞等，一般肯定会有人转，但是利益诱导产生的忠诚度也是最低的。

第二种，跟自己相关。比如一个学法律的人遇到打官司的轰动案件一般会转发，前一阵子很火的"雷洋事件"一般律师和学法律的人会转。

第三种，为我所用。比如一些跟自己行业相关的业内"干货"，大家会转。当然，还有一种就是情感共鸣。情感共鸣也分很多小项，能够刺激人产生喜怒哀乐等情感。八十多岁拾荒老人，有一天他将攒的 800 多块钱捐给灾区；一条流浪狗，在地震的时候救出了它的主人，这些内容我们会转，因为我们内心感动了；一个八十岁老头的个人奋斗，我们会转，因为激发了我们的正能量。

所以，把握哪些内容会得到朋友圈的转发与传播是很关键的，这才是一种自主、自发、裂变式的传播。而像"是中国人就转"、"谁不转死全家"这种天然带着威胁或利用的意思强制传播，终究会让人反感，一些有识之士会主动屏蔽。

二、创造内容必须具备的要素

首先，没有价值的内容用户甚至都不会读完，更别说分享转发。有价值就意味着要能对自己或他人有帮助，比如生活小常识、旅游攻略等。这种内容就是典型的实用型内容，不仅读者需要，TA 朋友圈、同事圈、亲人圈的人也会需要这些内容，这就带来了分享。很多时候，我们都会说做内容营销首先需要了解用户需求，挖掘其痛点。为什么？因为针对这些痛点的内容对用户来说就是有价值、有实质帮助的内容，比如冬天来了，那些冬季疾病预防大全、冬季注意事项之类的都是很有价值的内容，所以用户乐于转发。

其次，还要新颖。对于独特新颖的内容，用户总是喜欢奔走相告的。新颖的重要性是显而易见的，人人都喜欢看新闻和热点事件，特别是在互联网上，如果你能掌握很多重要的一手新闻，那获得一大堆追随者是轻而易举的事。在这个只要有一点点风吹草动就能传得沸沸扬扬的时代，每次只要有什么稍微轰动的新闻，都会获得成千上万的人关注，如果你能早点发出内容，那分享效果肯定不差。

最后，内容要独特。这一点在这个同质化严重，信息过载的互联网时代也是比较突出的。和新闻一样，对于理论、策略、技巧，人们也喜欢看新东西，看不一样的东西。其实在独特新颖的背后，还有另一层分享因素。用户在分享这些内容时，往往想表达这个内容我知道，我消息很灵通，我可是注重新闻事实的，我很牛。对用户而言，在他们的潜意识里分享这些内容就是在提高自己在朋友圈的形象。

如果你在朋友圈里的形象树立了，你分享的大多数产品，大家都会认可。就像现在"网红"咪蒙，她的文案暴粗口，里面夹杂小黄文，但"粉丝"就是爱看。所以，在她分享的广告软文里做的任何一个广告，"粉丝"看完内容后大部分会去买她推荐的产品。

所以，做销售想成功，想要达到裂变式的分享和传播，我们要在内容上下功夫，内容有料、有看点，别人才能主动分享。

◀ 巧用工具：支付工具、客服系统工具 ▶

一、如何巧用营销工具

移动互联时代给了创业者很大的空间和领域，营销工具和平台也如雨后春笋，层出不穷。除了淘宝、天猫、京东等大型的购物平台，还有微店、微商城、H5、易企秀、互动吧等，真可谓只要你行动，无处不营销。这些工具使用得好，都可以为品牌加分、可以为营销带来利润和成交保障。我们简单看一下这些工具。

微店：属于零成本开设的小型网店，是第三方 APP 软件的一个功能，优点是没有资金的压力，没有库存的风险，没有物流的烦恼，只需利用零碎时间和个人社交圈就可进行营销推广。缺点是店铺与顾客的互动性基本上没有，店铺商品不能与活动、"粉丝"结合，营销活动难以产生效果，加上微店依靠的客户来源比较有局限性，需要在朋友圈与朋友的朋友间进行推广，而这种营销方式一直遭受唾弃，不利于后期的发展，但也有一部分人靠着卖面膜挣到第一桶金。工具用得好与不好，在于人会不会利用平台。

微商城：微商城是微店改进后的一个营销手段，类似于淘宝天猫，是直接搭建在微信上的一个商城，可以与公众账号对接，"粉丝"就是潜在客户，公众账号的信息共享与传播，有利于增加客户黏性。微商城是一个经营的过程，能缩短顾客与企业商家的情感距离，容易让顾客产生信任感和归宿感，但需要时间才会产生效益。

H5、易企秀：当你拿出手机，看到一个精美的移动场景 H5 营销广告、H5 招聘宣讲、H5 企业介绍、H5 活动促销、电子婚礼请柬、H5 海报等，它有 80% 的可能来自易企秀。H5 原本是一种制作万维网页面的标准计算机语言，是由 HTML5 简化而来的词汇，易企秀是一家专注于 H5 页面制作软件开发与设计的公司。为了降低用户使用门槛，让零编程零设计基础的用户也能使用 H5 制作工具，易企秀制作了大量的免费 H5 模板，包括大量免费商务 H5 模板、H5 免费营销模板、免费 H5 海报模板、免费 H5 电子邀请函等。如今借助微信移动社交平台，走进大家的视野。从营销角度来讲，我们不但可以用 H5 在页面上融入文字动效、音频、视频、图片、图表、音乐和互动调查等各种媒体表现方式，将品牌核心观点精心梳理以突出重点，还可以使页面形式更加适合阅读、展示、互动，方便用户体验及用户之间的分享，正是具备了这样的营销优势，H5 技术的运用不但为移动互联网行业的高速发展增添了新的契机，而且也为移动互联网营销开辟了新渠道。

互动吧：该营销工具为用户提供活动发布、传播、报名、支付、签到、现场互动、会后 CRM 等全环节服务；通过互动吧，可以轻松地在微信朋友圈、聊天群里组织各类活动；互动吧是与微信无缝连接的应用，覆盖用户 3 亿 + 人群，也是深受欢迎的报名系统；同时是企业和个人组织活动时使用频繁的应用。

二、如何巧用支付工具

有了上述营销工具，还要有主要的支付工具支持。例如我们常用的支付宝、微信支付、网银等。

大家对支付宝都不陌生，从最初只能支付到目前的理财、透支、线下支付等，支付宝的功能日益强大。所以，这是成交系统最常用的支付方式。其次，微信支付也开始走进人们的消费生活中，不论是去超市还是酒店，甚至街边的一个果蔬店都可以微信支付。这样便捷的支付方式，会使成交更快捷和高效。如果微信支付加上支付宝再配以网银和货到付款，那么支付工具基本就实现了无忧收款保障，任何一个渠道和层次的消费者都能轻松实现随时随地购买和支付。

三、如何巧用客服系统工具

有了营销和支付，最不能忽略的还有售后服务，在线客服系统要及时运用，比如 QQ、阿里旺旺、微信、即时通讯、网站访客系统等。现在所有行业竞争越来越激烈，顾客就是上帝，已成为行业内的宗旨。不仅让顾客对我们的产品满意，还要让顾客对我们的服务满意。

从顾客进入你的店铺，到后来收货确认、评价等，要让顾客觉得在你这里买产品，很舒适。如果产品有瑕疵，服务来弥补；服务跟不上，态度要到位。很多顾客的不满，就是因为受到了轻视慢待，说白了，就是对商家的态度不满，觉得自己"上帝"的权利没有得到保障。太多顾客因为产品问题、卖家服务问题而引起纠纷的案例，最后都因为卖家的良好态度而妥善解决了。所有这些，都是为了让顾客称心如意，别有花钱找罪受的感觉。这是基本，完成了这个基本，才能让顾客觉得舒适、开心。

确实有很多人做微商不做售后服务，产品卖出去就完事了。甚至有些做微商一遇到客户投诉或者出现一些产品问题就直接把人家拉黑。所以，有关微商售后服务这一块的问题，确实成为制约微商发展的重大因素。做微商应该是路越走越宽，客户越来越多才对，有些人做微商反而是路越走越窄，卖一个少一个。

所以，要善于利用营销工具、支付工具，更要善于利用客户系统和工具，真正做到"一条龙"服务，既有平台又能让人支付顺畅，还要有良好的售后服务，让买家舒心，这样重复购买和消费才有望实现。

◄ 提高转化率：重复消费和购买的原动力 ►

一、购买转化率低的原因

无论是电商、微商还是其他创业方式，都讲求用户为王、体验至上；同样的商品、同样的知名度、同样的渠道，为什么有些店家的购买转化率高而有些却非常低呢？

我们都知道，开发一个新客户的成本远远大于维护一个老客户的成本，但是现在很多做微商、开微店，天天想着怎么去"加粉"而不去做售后服务，导致很多客户都成了一次性客户。其实客户在你这里买产品已经是对你建立了一种信任，这是非常难得的，轻易地放弃一个已经建立信任关系的客户非常可惜。毕竟现在做微商的人越来越多，竞争也越来越激烈，很多其他行业的大佬也纷纷加入微营销这个领域，京东做了"拍拍"微店，阿里巴巴也做个"淘小店"出来，国美也将打造微店作为下一个工作核心。我相信用不了多久这些行业大佬就会成为微商最大的竞争者，那么用什么来取胜呢？取胜法宝就是积累客户资源。做微商都是有人才有钱，但是这个人指的不是你微友的数量，而是你客户的数量，你的微友随时都可能成为别人的客户，但是你的客户如果维护好了，他会一直是你的铁杆"粉丝"。当我们手上有一批很忠实的客户，微商会做得很轻松，特别是做护肤品、母婴用品这种快速消耗的产品，客户重复购买是很快的。

任何营销活动的结果，无非是要达到两个目的：一是增加客户数量，消费群体的增加，意味着销售量的增加；二是增加消费频次，在消费群体无法增加的情况下，让消费者增加消费频次，形成重复性消费。重复消费的关键是让消费者对品牌或对产品产生依赖，形成"成瘾性"的消费，最终变成品牌的忠诚顾客。

首先，把自己假设成消费者，我们每个人都有消费的需求，回忆一下你消费的时候有什么喜好，比如买衣服就喜欢去一家买，或者最先想到的是哪一家商铺。想到这里，你问一下自己，到底什么东西吸引了你，商品质量好，价格低，还是服务好。其次，作为一个老板要思考一下，你能提供哪些其他商家不能提供的服务或者优惠，打折、送小礼品、团购优惠、社交关联，等等。

二、提高转化率的途径和方法

好的服务会延伸到细节上，消费者很容易被细节感动的。在努力提高转化率方面，不妨从以下几点出发：

一是客户关系引导。促成客户到线下现场购买，刚开店的朋友不妨采购一些小礼品，或者做些促销活动刺激消费者，拉动业绩的提升。比如某些产品具有特殊性，往往存在无法提供可亲身感知的产品等情况导致消费者无法当即做出购买消费决定，可以利用类似预约的方式协助消费者购买。通过预约将顾客引导至线下给予面对面的交流，会大大提高促成交易的购买机会。

二是打造品牌，用口碑提高购买率。对于商家来说，一个好的产品卖完了也就结束了，因为产品自身也是有产品生命周期的，别人已经买了你的东西最多是推荐给朋友，自己可能不重复购买，当然有种情况除外，日用消费品是可以重复购买的。但是一个好的模式可以不断复制，只要换个产品或服务依然可以用。确定了好的模式，就要在此基础上着力打造自己的品牌，有了好的品牌别人才会相信你，才会更乐意买你的产品，甚至分享介绍朋友来买。

三是加强互动沟通，提升亲切感和信任感。微信朋友圈里的某些特殊产品有个特点，就是不能当面交易，也不能通过支付宝等担保交易，只能先付款后到货，并且不能退货，如果有质量问题只能换货。虽然听起来好像很苛刻，但商家的理由就是，当面交易容易被"钓鱼"。如果是在淘宝平台，哪个卖家敢这么做生意，估计一个顾客都没有。因为微信基本上都是用来联系熟人和一些新认识的重要朋友的联络工具，朋友可以容忍这样的"苛刻"。而针对不同的客户，还可以组建核心俱乐部、核心微信群、讨论组等，和熟人们在群里、讨论组聊天本来就是一件放松和惬意的事情，虽然也会有很多工作上的沟通，但也都是随意性更多一点；持续同频的分享和沟通，对增强信任感很有好处。

四是不断联系，推送产品资讯。联系是让客户不断来消费的最基本手段，就是让客户把手机、QQ、微信、邮箱、地址等方式留下来，以便后续的节日活动、优惠促销等都能准确告知客户。别小看这一条，很多企业就因为没有实现这一条，导致了大量的业绩损失。很多人有客户联系方式，却不敢使用，生怕给客户造成不良印象。其实并非如此，很大一部分客户等着你再次向他销售产品，甚至他们正在努力地找你的联系方式来主动购买。所以一定不要自我设限，阻碍了客户的购买力。即使客户不买你的产品，但你依然可以通过传递信息的方式来影响客户的思维模式。比如你卖蜂蜜，可以提供蜂蜜的产品信息，食用方法等，或者讲述养生的故事。那么信息通过什么方式来传递呢？现在最重要的渠道莫过于微信公众号。当然，其他自媒体也不能偏废，因为顾客的微信公众号一旦太多，也就不一定看你的，所以要多渠道共同推进，QQ空间、邮件、短信、博客、微博、自媒体等都要综合使用，持续出现在客户的视线内，当然不同的渠道要把握好度。

五是用赠品"钓鱼"。赠品就像鱼饵一样，会直接诱惑客户来不断消费。赠品可以是长期赠品，也可以是短期赠品。比如有一家服装店，打着"免费赠送10双袜子"的旗号，既能起到引流的作用，也可以长期跟进客户，因为这10双袜子不是一次性送完的，而是每月领取一双。每当客户来领取的时候，就可以有机会卖给他更多的东西。阿芙精油淘宝店就经常在客户买东西之后赠送成本低、价值高的产品给客户，让客户收获一阵阵惊喜，这样客户下次自然愿意再来购买。另外，很多餐饮店也会在顾客吃完结账后送一张代金券或者一份免费的菜，这样也会使顾客再次光顾。

◀ 成功企业案例分析 ▶

一、体验营销：苹果的"情感经济＋体验营销"

苹果的产品之所以能掀起出一个新款就让消费者日夜排队抢购的热潮，主要原因在于，苹果是从情感经济和体验营销入手，而不仅是强调理性的经济，重视技术入手。

当然，苹果首先在技术上做到了领先，但苹果能卖向全球，靠的还是体验营销。从 1998 年的 iMac，到 2001 年的 iPod，再到 iPad、iPhone，乔布斯以自己的行动告诉消费电子行业，仅依靠技术运算、硬件配置而制胜的时代已经过去，取而代之的营销策略是"与消费者产生情感共鸣"、"制造让顾客难忘的体验"。当产品能引起消费者的情感共鸣，它便驱动了需求，这比任何一种差异化策略更有力量。苹果的产品影响了消费群的使用行为，定义了他们的生活、娱乐和工作行为，甚至影响了消费群的价值观念。

苹果的体验营销注重从外观到内心征服消费者。苹果的电子产品，无论是外观还是感觉和触觉，都是体验式产品中的精品，它们的设计、造型、色彩和材质都能够给消费者带来非同寻常的使用体验和情感触动，并激发消费者对创新的深层次思考。在客户体验方面，苹果更是通过新颖的方式做到了极致。

苹果的体验营销也注重感官体验，从而一次又一次地设计出焕然一新的产品。苹果产品的工业设计，以人性化和时代审美观为主要着眼点。苹果手机现代感极强的流线型外观、流畅简约的设计风格和透着温柔又酷到极致的冷色调，美观却又不失温暖、亲切和人情味，带给消费者视觉、听觉和触觉上焕然一新的全方位体验。感官体验的实现与苹果的产品设计密不可分，但这并不是全部。以电子触摸屏为例，在技术上电子产品厂商间各有千秋，难分伯仲，但对于触点的研究，苹果搜集了上万的样本，用以判断多大的面积是最舒服、最好操作的。再比如打开一个程序时，画面弹出的位置，是根据人眼习惯的视觉方向设计的。这些数据的搜集和研究，都花费了巨大的人力和物力。这些都不是凭空想出来的，而是需要关注和积累的。苹果对于感官体验的传递同样注重。2001 年，在 DELL 的直销模式受到追捧时，苹果反其道而行之，在全球开设了 71 家体验店，目前体验店有 300 家左右。这些体验店是让消费者直接感知产品特色的重要场所。而体验店本身的设计，因为时尚、科技和前卫感也往往成为区域的标志性建筑，成为消费者拜访、传播的热点。

二、文案营销：小米的做法是简单直接

小米的文案，连一向唱反调的周鸿祎都夸奖。他们是如何做到的呢？在产品的文案策划和画面表达上有两个要求：一要直接，讲大白话，让用户一听就明白；二要切中要害，可感知，能打动用户。"卓尔不凡"，这是我们在诸多广告中最常见到的词，却是小米内部策划会议上经常批判的一个词。小米做的是口碑推荐，他们在定义产品的卖点时，只考虑一个场景，消费者在那个当下会向朋友怎么推荐。向朋友推荐的时候，肯定不会讲"小米手机卓尔不凡"。所以小米的文案营销，就注重简单直接。

小米手机讲究快。在小米手机 2 发布之后，他们想要传达 2 代手机的核心卖点是性能翻倍，是全球首款四核手机。所以在海报表达上倾向于突出高性能的特性，"快"是核心关键词。文案有"唯快不破"、"性能怪兽"等十几个方案，但最后选择了"小米手机就是快"。

小米活塞耳机也独具特色。做耳机的营销很难，因为耳机是很专业的东西，比如说音质，音质本身没法用图文精确描述，市场上几乎所有耳机的营销案，一般都说所谓"高频突出，中频实，低频沉"。小米第一次做耳机，如果再讲这些东西，第一是跳不出原来的套路，第二是恐怕不能比别人讲得专业。小米最初提出的一堆名字基本是"灵动"、"灵悦"之类，在商品中毫无辨识感。小米需要更简单直接的东西。他们最终从音腔形态和发声单元外表上找到了出路，外形像活塞，就以此命名叫"小米活塞耳机"，活塞也更能给人带来动力感。产品点分为卖点和噱头，卖点是用户愿意为之掏钱的，噱头是有意思但用户不会为之掏钱的。卖点定义分为两类：一级卖点和二级卖点。一级卖点只有一个，这样用户才记得住，如果有 3 ~ 4 个也就等于没有。二级是辅助描述一级的，一般有 2 ~ 3 个。

一级卖点方案一是灵感来自于 F1 的活塞设计，结果被否，原因是描述太虚；一级卖点方案二是航空铝合金一体成型的音腔，结果被否，因为这是二级卖点。二级卖点方案一是奶嘴级硅质，柔软舒适，结果被否，因为这不是卖点，是噱头。最后卖点定的是——小米活塞耳机，99 元听歌神器。活塞耳机的卖点，一开始总结了 12 个，一路 PK，后来变成了 7 个，再否定，到最后只剩下了 3 个。

这是一个去繁从简的过程。小米在意的是消费者如何跟朋友推荐。肯定不会乱飚广告修饰词，而是直接简明地说最重点的要素：使用一体成型的铝合金音腔所以音质好；军用标准的凯夫拉线材用料好；礼品包装高大上，还只卖 99 元，买个包装都值了。实际上，见过这款产品的人几乎都能把这 3 个核心卖点背下来。

本文节选自《参与感：小米口碑营销内部手册》。

三、口碑分销：相宜本草的网络社区口碑营销策略

相宜本草产品进入市场化运作的时间较短，市场认知度较低。虽然产品拥有良好的品质和口碑，了解该品牌的消费者相对较少。相宜本草总部在上海，公司调查数据显示，相宜本草在上海地区产品美誉度达 70 分，而知名度只有 30 分，这与这几年发展的整体策略有关，市场投入相对较少。在有限的市场投入下，如何能够针对现阶段的发展产生最好的营销效果呢？经过多方咨询与沟通，相宜本草采用了网络社区口碑营销的策略，借助互联网社区营销新媒介，展开迎合精准群体心理的营销策略，利用网络快速传播的特点，实现低成本的广泛传播效应。

相宜本草选择了口碑网作为核心传播载体，以口碑社区营销传播中心，整合社区及线下高校资源，实现了线上线下互动整合营销。用户以年轻人为主，年龄在 20～30 岁的居多，品牌消费习惯不稳定，有较大的热情尝试新鲜品牌、新鲜产品，因此唯伊社区还形成了特有的"小白鼠"氛围。

整个营销过程大致分为：

第一个环节为免费申请品牌试用装。利用消费者的利益驱动和对新鲜事物的好奇心，为品牌造势、吸引眼球、聚集人气。事实证明对于女性消费者而言，申请新品试用装的诱惑力还是比较大，最重要的是她们会重新发现一个也许就在她们周边的品牌，但她们从未在专卖店里尝试过，互联网却实现

了很多新鲜的尝试，同时她们也会在这个过程中关注这个品牌，并了解其他消费者对该品牌的口碑评价，这个过程无形使得品牌受到了极大的关注。只要抓住受众的眼球，其实就已经成功了一部分。

第二个环节是收集申请者的数据资料（包含真实姓名、性别、住址、邮箱、电话、QQ、品牌消费习惯等信息），并向品牌进行反馈，以便数据挖掘。这个过程中相宜本草充分利用了数据的资源，对这些潜在消费者进行了电话营销，并且为每个潜在消费者邮寄了相宜本草的会员杂志。很多用户反馈相宜本草的服务很贴心，使得消费者对相宜本草这个陌生品牌产生了好感。

第三个环节为网络整合营销传播。这个过程中线上线下有着交叉互动的关系，包括高校人群的覆盖，短信平台的精准营销，都为整个事件的传播面起到了极大的推广作用。

第四个环节为用户分享试用体验。以奖品为诱饵，吸引试用用户分享产品体验，引导消费者的正向口碑，提升推广产品在网络传播中的知名度和美誉度。

【本章结语】

　　成交是从产品生产出来到交付客户使用流程中的最后一环，却是很重要的一环，如同临门一脚，踢得好有买卖，踢不好前功尽弃。一定要注意影响成交的核心因素，会使用文案，会用故事卖产品，好产品才会带来口碑分享。更要学会运用营销工具，提高转化率，使用户具有重复购买和消费的原动力最终实现自己的巅峰成就。

第八章
巅峰成就

重点内容

- 小步快跑：轻资产、重资本
- 资源整合：凝众力、聚众智
- 创业成功七步方程式

◀ 小步快跑：轻资产、重资本 ▶

一、企业越"瘦"，起飞越快

在互联网时代，关于创业的一切都变得越来越不循规蹈矩。大学还未毕业就推出世界级应用，从车库里走出的科技巨头，这一切不禁让人感叹：英雄不问出处。过去是万事俱备只欠东风，如今是东风的风口来了，没有条件创造条件也要飞。

最早也是最成功地在互联网上运用轻资产快跑这一战术的是雷军。小米一没铺渠道，二没有做广告，单凭粉丝营销就让小米手机一飞冲天，达到家喻户晓的高度，从真正意义上实现了轻资产、小步快跑的创业神话。

创业圈里现在越来越流行"轻资产"运营模式——启动资金不足没关系，只要能够用在刀刃上，紧紧抓住自己的核心业务，其余财务、法务、办公场所、设备都可以外包给别人。由此可见，企业越"瘦"，起飞越快。

二、轻资产路径，成就在取舍之间

轻资产是相对于重资产来说的，轻资产和重资产应该从实物资产和非实物资产角度划分。非实物资产代表客户资源，属于轻资产；厂房、机器设备代表实物资产，属于重资产。中国企业应该做客户型的公司，而不是产品型的公司。我觉得，符合中国中小微企业未来发展的路子必须是轻资产路径，少做硬件和规模，多做服务和品牌。

像耐克、可口可乐、苹果这样的公司都是典型的轻资产公司，它们有鲜明的品牌主张和品牌文化，为客户创造价值，最值钱的部分是品牌和价值主张，例如苹果品牌本身就意味着创新和技术进步。相反，我觉得现在在网上卖商品的公司并不是轻资产公司，它们只是渠道公司，属于新型渠道公司，通过低廉价格和方便购买服务客户，但其提供的客户价值比较低，赚的是供应链环节的渠道改善和成本控制上的利润，而不是来自客户服务上的利润。我认为判断轻资产的标准只有一个，就是客户价值。例如诺基亚，长期以来把消费者的忠诚当成霸权，滥用了客户的信任和忠诚，最终也就失去了客户价值。

轻资产不是小资产，轻资产从财务的角度讲，有两个指标，一是固定资产占总资产的比重，二是生产员工占总员工的比重。

创业型公司刚开始肯定机构设置等都不完善，没有财务，没有人事，没有管理，没有关怀。在往前跑的时候再慢慢丰富，这个可以容忍，并且是正确的。相信大家也见过不少初创型公司的组织架构比世界五百强还复杂，但小团队作业扁平化的管理才是最适合初创型的互联网创业企业。

时下，许多创业者投入互联网、APP 软件等方面，从创业角度来看，应该说轻资产的商业模式是比较普遍的，能够在短时间里成长。但轻资产融资比较困难，因此创业者把资本集中在某一个价值链上，这样在短时间里可以有很高的成长性。

轻资产对中国企业来说就是加大在研发上的投入，在这一领域比较典型的是苹果，苹果是一个轻资产企业，虽然卖的是电脑和手机等硬件，但苹果公司只做研发。

　　轻资产企业创业的过程中，风投是非常重要的，而且做轻资产创业主要还是要有热情，一个人对事业的热情别人是模仿不了的。另外，创造一个好的项目，并不是经验越多越好，在创业之前最好把先前的经验通通忘掉，才能没有束缚地投入其中。

　　最后，资金方面，如果自己没有，千万别像有些媒体渲染的那样，卖房子卖车去创业，这些都是不负责的行为。你可以找天使投资人，前两年大批上市公司催生出了不少的富豪，加上传统企业家进入投资互联网，现在的天使投资人很多。不走这条路，也可以找一些孵化器，例如国内的创新工厂，盐光孵化，硅谷的 YC 等。对于好的项目，他们能给一些种子资金和提供场地。别害怕去接触投资人，刚开始他们肯定把你批得体无完肤，不用照顾你那可怜的自尊心，天使投资人基本上都是成功人士，他不需要从批评创业者身上刷存在感。他们看过的项目太多了，和你的类似的也会有。注意他们说为什么你的项目不好，这些信息对你来说是很宝贵的，有些是有启示作用的。汲取精华，改进模式，然后再去见下一个投资人。

　　只有秉承"轻资产，重资本"的理念，小步快跑进行创新，哪怕是不断试错，也会船小好调头。而不会因为资产过重，负累至死。

◀ 资源整合：凝众力、聚众智 ▶

一、创业者整合资源的能力

资源是创业必不可少的关键元素，创业者整合资源的能力基本上决定了创业的成败。整合资源的能力强，整合到大量的人脉资源就可以吸引到人才、资本、技术等，创业就会变得很容易、很快乐。所以要争取快乐整合人脉资源，快乐创业，快乐分享。

创业者大多存在资源约束，既缺财力，又缺少人力，甚至更多的还缺少智力。所以要学会资源互换，这是创业者需要学习的经验，更是一项高明的策略。

成功的创业者能善用资源整合技巧，进而为企业带来现金，借助利益机制把包括潜在的和非直接的资源提供者整合起来，用一种资源补足另一种资源。缺少资金的情况下，就利用他人或者别的企业的资源来完成自己创业的目的。找到的利益相关者越多，整合到资源的可能性就越大。

创业者整合资源的能力其实与创业者的素质、管理能力、企业运营和技术研发能力等都是相通的，因而创业者应该注重资源整合能力的提升。其中，人脉资源整合是重中之重，人脉资源的整合能力在某种程度上来说就是做人的能力，创业者要做一个让他人快乐同时也让自己获益的人。

二、企业经营的第四种资源

常言道"三个臭皮匠赛一个诸葛亮",这说明思维在一起碰撞可以产生火花,一个人的思维加上另一个人的思维,有可能就会产生一个新的点子。毋庸置疑,当下一个"知识+智慧=财富"的财智时代已经向我们走来。随着移动互联网的发展,出现了企业经营的第四种资源,也是更为重要的资源——智力资本。在智力资本决定企业命运的时代,谁更善于利用知识的力量,谁就能赢得竞争的优势。企业如果是一个好的平台,会同时实现既能找到人又能找到钱的目标。

实际上,找钱和找人是横在创业者面前的两座大山。在找人方面,太多人被传统思想禁锢了,认为只有找合伙人、全职雇佣才算是组建团队。但这种方式对于很多初创项目来说模式太重,它们有限的成本应该合理搭配,一味地找牛人、找大咖并不一定就是对的。

未来的创业更多地会采用社会分工的形式运行,以自身长板整合社会资源的长板进行轻资产经营和扩张。也就是采用外部智力,弥补自己的资源短缺、技术短缺和能力短缺,从而通过搭建小而轻的扁平化团队进行轻资产创业,让有限的成本发挥最大的价值。在整合资源进行创业的过程中,不但有股权众筹创业,还能进行智力众筹。

如果说股权众筹是"我给你钱你给我公司股份"的话,那么智力众筹就是"我帮你解决创业难题,你给我公司可回购的股份"。智力众筹可以让创业者通过众筹的方式对接到各领域的高级人才,对于传统企业来讲,就可以对接到互联网专家、APP 开发等技术类人才和互联网运营、推广人才等,报酬也从原来的现金变为一部分可回购股份,由此建立了更紧密的合作关系,优于任何形式的外包或兼职。

智力众筹通过众筹智慧，例如创业导师、互联网外脑、技术大咖等角色，让他们以外部合伙人的方式加入团队，更加直接、高效地解决实际问题，让互联网转型更高效地执行落地。

从原来的人为资本打工转变为如今的资本为人打工，这在制度层面说明了智慧比资本更重要，在企业初创阶段更是如此。智力众筹就是瞄准这一理念，让创业者通过一部分可回购的股份吸引人才关注，以更低的现金成本邀请到高级人才，让他们以"外部合伙人"的身份帮助解决初创阶段遇到的各种难题，从而提高创业效率和成功率。这里的外部合伙人只在团队中起过渡作用，主要任务是弥补短板，解决现阶段关键难题，真正达到聚众力、聚众智。

◀ 创业成功七步方程式 ▶

一、发现优势：无可替代的核心优势

唐纳德·克利夫顿说过，在成功心理学看来，判断一个人是不是成功，最主要的是看他是否最大限度地发挥了自己的优势。在我看来，创业成功与否的第一步就是先要发现自己的优势。你若口才好，口才就是优势，可以进行微课堂以及线下销售演讲；你若写的文章好，就可以多写软文，做自媒体推广；你若人脉广，就可以开微店；你若有专业背景，就可以靠专业去拓展市场；如果你一技在手，就可以把技术转化成产品出售，等等。这就是一个人的优势。

每个人都希望并可能获得成功，然而成功的路却往往大不相同，成功者常常不在于他们能力的多样化，而在于他们找到了自己的优势，并充分发挥了自己的优势。

事实上有很多创业者都想一创业就成功。但要真正能赢得竞争，需要发挥自己的竞争优势，而关键一点就是在做的时候要了解市场现状，明白为什么我要这么做，以便更好地改变、调整和做更多的事。你所具备的能力，同行也有，并不能形成竞争优势，只能作为生存的必要条件。只有当同行们普遍不具备的时候，才会带来竞争优势。例如一个电影站，别人有的电影你也有，大家机会均等，但是如果你能够第一时间发布最新的大片，优势就非常明显。在某些行业中，专业的认证几乎每个企业都有，这只能算作行业的准入门槛。但是，在某些行业中，仅有少数几家企业拥有专业认证，那这就会对用户产生非常大的影响，形成竞争优势。

互联网创业者，应该尽量避免做完全依托于平台的产品，当你辛辛苦苦把产品推广出去的时候，可能意味着马上会有强大的对手开始抄袭。当你找到了有价值、稀缺、难以模仿的能力、资源时，就应该考虑能否有效组织起人力对其进行有效的开发。这里重点要考虑自身的短板，在哪些方面存在劣势。例如，产品价格非常具有优势，可以通过低价快速打开市场，但是物流和售后方面却跟不上，就需要仔细进行权衡。创业之初要问自己：创业到底是为了什么？兴趣还是获得更多财富？这些都需要创业者通过跟自己对话来寻找答案。把这些问题列出来，然后一一写上答案，如果你确信自己具备了创业者的素质（因为并不是所有人都适合创业），并能准确列出自己的优势，明确自己的创业目的，那么，你可以着手为创业做进一步的计划了。

首先，选对行业很重要。创业要么跟自己的兴趣或者熟悉的领域结合。兴趣是最好的老师，也会成为创业过程中坚持的动力。熟悉的行业和项目有两层含义：一是自己所学专业领域的项目，这当然是熟悉的了；二是对这个项目或者产品比较熟悉、不陌生。熟悉可以避免走弯路，新、奇、特的项目打开市场需要一个过程，甚至投资以后还有可能打不开市场。此外，在行业选择的过程中绝不可摇摆不定，这是创业的大忌。今天做服装，明天做电器，后天做化妆品，看似整天忙忙碌碌，但最终可能一事无成。

其次，找准切入点。所谓切入点就是从哪里着手，项目选择在哪里实施，创业所需的人、财、物等各种资源如何调集和运作。厂际协作关系、企业内部的利益分配关系、与工商税务的关系、与顾客的关系、与投资者的关系，在生产经营的以上各个环节都要能够找到自己的切入点，如果哪一个环节不通，整个创业活动都要受到影响，严重者甚至要被迫停止。在这一点上要提醒广大初次创业的朋友，不能单凭一腔热血盲目上马，一定要做好前期的创业计划，取得可信的市场调查数据，甚至要多做几份计划。

最后，还有很重要的一点就是专注于一件事的毅力。在开始创业之前，你还需要置之死地的勇气和专注于一件事的毅力，有了优势没有坚持下去的毅力大多还是会半途而废。

二、精确目标：明确定位、单点突破

发现了自身的创业优势之后，第二步就是要精确目标。创业有很多问题需要重视，其中最为重要的就是正确的市场定位，没有它，创业就只能是一场梦。

为什么需要如此重视市场定位呢？举个简单的例子，麦当劳能不能兼职售卖利润高的鱼翅捞饭来扩大盈利点？看到这句话，想必很多人都要发笑了。是的，麦当劳既没有实力也没有技术做出风靡市场的鱼翅捞饭，所以，即使这样的产品利润再高，对于麦当劳而言也是不切实际的市场定位。错误的市场定位，一定不会打开市场。因此，在创业过程中一定要避免"大小通吃"，很多人一创业就想着所有人都需要、都可以买他们的产品，却不知赚所有人的钱意味着无钱可赚。在移动互联网微创业时代，定位更要小众化，只赚一部分人的钱，而不是全部。因为这根本不可能实现，聪明的做法就是扬长避短，抓住自己的创业企业在市场上的优势，找到精确定位，赚自己好赚的钱。

你为什么要创业？短期目标是什么？中期目标是什么？不论是什么创业原因、目标是什么，一定要写出来，而且要非常精确，比如打算在三个月内完成产品，或要在半年内达到每月30万元的营收。不要只用想的，因为想的很模糊，当你"写"下了目标，你的生活重心、思考方式、花钱的方式等，都会绕着这个目标打转。这就像很多人总是说"我想要很有钱"，但一直没有富起来，因为他们只想并没有做，而且也没有一个精确的目标，于是几十年来也都只在想的阶段。

所以，投资创业就必须在创业之前思考明白自己到底要从事哪个行业，研发什么产品，锁定什么样的消费顾客群体，自己的公司又有着怎样的竞争优势，从而找到属于自己品牌的精准市场定位。只有这样，才能让自己的创富事业越做越红火。

三、局部测试：小范围测试、观察效果、掌握数据

创业企业不论是做产品还是做服务，投入之初，都需要快速找到提升用户活跃的方法，小范围测试是最好的办法。这样能观察效果，拿到的数据结果很容易去撬动产品或服务的改进、优化，甚至设计一个新功能。

范围越小、样本越小，花费的时间越短，越能快速得到一个"主观"的认知，从而去慢慢扩大测试样本，获得"客观"的认知。也就是说，我们很多时候做的一些运营工作不是凭空想象的，而是有根有据的。例如通过测试5~20名用户完成这些任务的过程来观察用户实际如何使用产品，尤其是发现这些用户遇到的问题及原因，并最终达成测试目标。在测试完成后，用户研究员会针对问题所在，提出改进的建议。

大数据时代，要靠数据分析来说话。小范围测试得出数据，并对这些数据进行分析是设计师了解用户使用行为及习惯的最有效常用途径之一。常用的数据分析维度主要包括日常数据分析、用户行为分析、产品效率分析等，

根据研究目标的不同，侧重点也有所差异。

　　日常数据分析主要包括总流量、内容、时段、来源去向、趋势分析等，通过日常数据分析，可以快速掌握产品的总体状况，对数据波动能够及时做出反馈及应对。

　　用户行为分析可以从用户忠诚度、访问频率、用户黏性等方面入手，如浏览深度分析、新用户分析、回访用户分析、流失率等。

　　产品效率分析主要针对具体页面产品、功能、设计等维度的用户使用情况进行，常用指标包括点击率、点击用户率、点击黏性、点击分布等。

　　通过测试以及观察效果得到数据，不仅能使产品的设计者直观地了解用户是从哪里来的，来做什么，停留在哪里，从哪里离开，去了哪里，而且可以对某具体页面、板块、功能的用户使用情况有充分了解。只有掌握了这些数据，设计者们才能够有的放矢，设计出最符合用户需求的产品，服务项目也才能更优化。

四、轨道微调：回顾、反省与检讨、完善与调整

　　通过小范围测试得出结果和数据以后，就要对出现的问题进行反思和回顾，进而做到完善和调整。不仅要认真回复用户对产品的反馈，更要重视每一个反馈，并在产品上进行改进。在这方面有一个很有参考价值的案例，就是滴滴打车。

　　滴滴快车希望提高注册司机的转换率，同时降低招募成本。原始版本的着陆页，上面写着"任何时候去成就更多人"，这个版本的转换率并不是很理想，所以他们就想设计其他的着陆页版本，提高注册司机的转换率。于是，他们重新设计了新版本1和新版本2。这两个版本共有的是"首单额外奖30

元"，这样就突出了滴滴快车司机的最直接利益，就是能够获得额外的奖励或者赚更多的外快。这两个新版本的注册率都要好于原来的版本，而新版本2好于新版本1，这是为什么呢？新版本2上面有一行字叫"请提供驾驶证和行驶证"，这就表示满足这个条件的人才会去点击，缩小了受众范围。因此，从最后的获客成本来看，新版本2的获客成本是最低的，因为它的有效点击非常高。滴滴快车就是通过优化着陆页来降低获客成本，提高注册司机的转换率。

除了在一些相关的推广上下功夫，还要尽可能调整和优化所有的渠道。针对安卓渠道，一个一个地进行挖掘，把所有能搜集到的免费资源都要用尽：每个月做哪些渠道、做几场活动、什么主题，一点一点地抠下来。

此外还有以下几项：一是产品要快速迭代。一个新移动互联网产品最多只有一年的新鲜期，如果一年之内没有确立市场地位，后面就会难上加难。二是渠道节奏。理解产品，定出渠道推广的计划，每个月的活动，渠道的专题策划，等等。三是口碑与回流。在保障最优质的产品品质的情况下，可以通过H5的网站，通过这种形式可以使产品好的内容有机会散播出去，然后带回来用户。通过这种形式带回来的用户质量都很高。四是活动+产品。策划活动，至少要满足一个条件，满足物质需求（奖品）或好玩或开心；尤其是后者，这类产品传播性很强，并且成本低。

五、放大优势：通过调动资源、系列杠杆手段大范围推动

产品经过改进以后，要做的一件事情就是要以小博大。以小博大其实就是尽快达到那个市场中的拐点，剩下的就让用户之间去影响和推动。用户永远是最好的放大器。另外，要对目标市场中的种子客户提早调研。攻占种子

客户是营销的第一步。为什么说种子客户会影响到一个关键群体，他们去分享效果就会非常好呢？因为他们相对普通人来说是更大的传播节点，能影响到更多的普通用户。所以说，我们所有的运营行为，都应该围绕在如何尽早找到这样的关键口碑传播人物这个主题上。

如果仅做一波好玩的活动，跟一跟舆情，抓一抓热点，靠一下节庆主题，或者投点渠道等，这远远达不到想要的运营效果。运营和市场的责任更多的是去激发和调动用户，把信息传播到最精准、最早期的种子用户身上，或者这次营销的核心目标人群中。

在临界点之前，只是我们自己在传播我们的信息，在临界点之后是我们的用户在帮我们进行宣传。这也是互联网营销极其重要的一个思路，而且是互联网产品成功路上最重要的一环。当一个用户在做决策的时候，他会去听别人的意见，他会去搜，这样一来关键就在于大家如何利用好口碑传播的方式。做好口碑营销，放大优势，才能产生裂变效应。

六、价值转换：升华产品品质、提升用户依赖与信任、升级客户消费力

有了"粉丝"传播和口碑，不等于拥有了忠实的客户，消费者满意不等于消费者忠诚。满意则是在使用了产品或服务后，没有什么不好的感觉，但不排除还会使用别家的同类产品。而忠诚消费者才是真正的"粉丝"。他们非你的产品不用，而且能站在你的立场上拥护产品。拥有了忠诚的消费者才是真正实现了价值转换。

对某个品牌具有品牌忠诚度的顾客往往会自发地向周围的亲朋好友推荐这个品牌的产品和服务，从而起到更佳的活广告作用。在信息膨胀的现代社

会,消费者对亲眼所见和自己信任的人传达的信息的信任度远远胜过一般的广告宣传。因此,具有高忠诚度的品牌有利于吸引更多新的消费者。另外,具有高忠诚度的品牌本身就可以树立一种品牌形象,这是对品牌的有利宣传。要想达到这样的目的,首先还是要升华产品品质,提升用户的信任和依赖。

不少人认为,要赢得顾客满意,建立顾客忠诚,价格优惠是关键。不可否认,诸如打折、赠物之类的价格优惠在短期内是能提高销售额,增加市场占有率,但这种做法却很少能让顾客真正远离竞争者,变成本企业的持续购买者。实际上,降低价格不仅无助于建立顾客忠诚度,反而会将原本忠诚的顾客变成价格敏感的顾客,这样有损企业本身的利益;同时,降低价格也降低了其他竞争者进入该市场的障碍,使得商家要面对更多的竞争者。

切实提高顾客忠诚度就要严格要求产品质量,并且制定合理的价格。一是要建立完善的服务体系。完善的服务体系无疑是在现代品牌竞争中吸引消费者的亮点,也是强化消费者品牌忠诚度的手段之一。二是要保持与消费者的良好沟通。现在一些国际大企业的老总都要花过半的时间与顾客进行交谈,因为他们都知道只有用户才知道市场真正需要的是什么。因此保持与消费者的沟通是强化消费者品牌忠诚度的有效方法。

七、规模裂变:应用品牌效应、传播效应、分享与分销效应、裂变机制放大

有了"粉丝"和忠实消费者还不够,还须进一步让品牌产生裂变效应。只有让消费者变成用户,让用户变成"粉丝",才能找到新的机会,找到新的突破点。在互联网时代,要让你的品牌成为偶像,和你的"粉丝"一起进行裂变式创业。

现在到了传播碎片化的时代，如果跟以前一样，讲给消费者听，他们已经不愿意听了。现在创造品牌，要让我们的用户创造内容，让我们的"粉丝"创造内容，只有让他们创造内容，才能让"粉丝"将自己创造的内容进行传播，这样传播的价值巨大。

茵曼作为女装代表，其做法就是把规模做大，形成裂变。茵曼跟她的"粉丝"共创话题，制造一些浪漫的活动。跟三只松鼠联合设计了"旅行的蔬菜"，把蔬菜的设计元素用在衣服上；茵曼还在全国有慢生活社群，各个站长自发组织社群活动。茵曼不只做女装，还有鞋子、包包、配饰，2015 年又推出茵曼童装、茵曼家具，原木质的家具叫茵曼 home。它围绕慢生活的生活方式来扩充产品品类，让"粉丝"不只是买了茵曼的衣服，更多的是买到他们喜欢的生活方式。茵曼还涵盖了线上线下渠道，推出千城万店活动。和"粉丝"、客户、设计师一起设计产品、制造产品、销售产品，这样才能迅速壮大并持久发展下去。

【本章结语】

　　移动互联网微创业时代，循着这七步方程式去走，相信能够看到一副全局图，就好像一张藏宝图放在你的面前，有了一条清晰的道路，接下来要做的就是一步一步地去实践，在每一个节点踩好走稳，你就能够一步步做大做强，最后取得你心中想要的结果。这里重要的是每一步都要合理布局，学会用全息思维进行规划，通过缜密的谋划和严格的测试，达到运筹帷幄，才能决胜千里之外。正所谓打有准备的仗，方能打胜仗。

参考文献

［1］孙先红，张治国．蒙牛内幕［M］．北京：北京大学出版社，2005.

［2］黎万强．参与感：小米口碑营销内部手册［M］．北京：中信出版社，2014.

［3］毕传福．赢在商业模式——移动互联网时代创新与创业机遇［M］．北京：人民邮电出版社，2005.

［4］恒盛杰电商资讯．移动互联网创业：微店开店管理营销推广转型一本通［M］．北京：机械工业出版社，2016.

后　记

◀ 创业启航，未来将至 ▶

非常高兴你读到了最后一页，如果你用心地去消化书中的内容，我相信你已经收获了远超本书价格至少百倍以上的价值。当然，这还仅是开始，接下来我还会以更大的投入来回报每一位读者！而十倍、百倍甚至千倍地回报我的所有学员和客户，是我对自己的要求！

我相信大家也非常清楚，现在企业面临的竞争非常激烈，微商创业是蓝海，但很快也会变成红海，移动互联网是风口，有机会飞上天，但也容易被吹跑。绝大多数企业失败不是失败在产品不够好，也不是没实力，而是卡在了人才这个关卡上。几乎每个星期都会有创业者通过各种渠道找到我，用几乎乞求的语气希望我能够给他推荐一个操盘的人才或者懂运营的人才，遗憾的是绝大多数时候这种人才是欠缺的。怎么办呢？

为此，我投入了大笔的资金，也聘请了优秀的人才，再融合我自己的一些思路，只为让与我产生连接的你，在实践和发展中更有保障、更轻松地获得成功，我设立了梧桐网校，并开创了微电商领袖 SOP 培养体系，为所有的读者持续助力。而这些你只需要凭购书记录或任意凭证，就可以免费申请体验梧桐网校的精品在线课程。

其实，更多的时候，我们需要的不只是一本书、一堂课，还需要持续的创新基因和不断的思维碰撞。只要你联系我们，在我们专属的圈子里，我会伴你一路前行！

◀ 梧桐筑梦引凤来栖 ▶

这本书从起心动念写下第一章到终成书稿出版，刚好历时一年，期间也因为很多的事业变动和一系列的活动穿插而耽搁，庆幸的是有许多好朋友不离不弃地支持和鼓励，让我终于达成了这样一个梦想。

十年前我就给自己定下一个目标，一个不大也不小的目标，就是"协助 100 万有志青年轻松创业、快乐生活"。

当时定下这个目标的时候我正好刚刚创办金凤凰创业团队，那是我后面所有事业的雏形。我始终相信一个人要想获得成功，一份事业要获得成功，都离不开团队，并且必须是一个能齐心协力、各施所长的团队，这个团队里人不一定需要很多，却能够相互认可、彼此包容、彼此鼓励，从而使团队能够健康成长。虽然做这件事情耗去了无数美好的时光，但没有人会埋怨和后悔，因为大家都知道所有梦想的实现都离不开付出，甚至是牺牲！

一、明知不可为而为之

很多人一开始看到这个目标的时候，都觉得我这是在吹牛、喊口号而已，而我却在日积月累中，将这种信念潜移默化地变成了我毕生为之奋斗的使命。许多十年前认识的朋友或那时的战友都已经改行，在不同的领域施展各自的才华，有人获得大成，也有人仍然落魄拮据，而我的十年，也是经历了生命中漫长的低谷，创业数次，也跌倒了无数次，被朋友不理解，被家人不理解，都说凭你的思维和执着都可以去操作好一家五百强企业了，何苦这么折腾呢！人人都说不可为，我却逆向而为之。

十年前的我凭的也许只是一腔热血，那时我真的不知道这个目标何时才能实现，我的人生是否能够绽放。但我知道，如果我要绽放，就必须勇往直前，哪怕前面没有人开路，我也得自己踏出一条路。十年后，我仍然在坚守当初的那一份信念，在不断的试错和成长中也迎来了更多朋友由怀疑到支持、由旁观到参与的收获。严格来说，十年，我离完成十分之一的目标也还有差距，但我已经基本理顺了这条路，在接下来的时间里，即使仍有重重困难，我相信这个目标也将会伴随着裂变式的增长逐步实现。

二、感恩惜福方得长久

一个没有什么值得炫耀的山里孩子能够坚守到现在仍然梦想未死，也许我就应该庆幸，我的生活至少还是在沿着自己设定的轨迹运转，即使这其中插曲不断、困难不断、挑战不断，但我始终觉得命运待我不薄，我仍健康快乐地生活着！因为我深知：感恩惜福方得长久！

感恩我的家人，在我成长的岁月里默默地鼓励和支持，虽然也曾有不理解的时候，即便如此，你们在我最困难的时候仍然不离不弃，让我能够轻装上阵，朝目标奋进。

感恩我身边的每一位好朋友，因为有你们在成长路上的伴随，还不断地给我更好的意见和建议，才让我有了一次又一次的提升和进步，你们都是我生命中的贵人。

感恩本书的每一位联合出品人，你们在什么都还没有看到的时候，义无反顾地参与进来，这份情谊无法用钱来衡量，这份信任会变得更加强大，而我更将百倍甚至千倍地回报于你们！

感恩我生命中出现过的每一位，因为你们，我的生活才会多姿多彩，痛苦也别有滋味，快乐更是来自于彼此相识相交！

三、梧桐筑梦引凤来栖

从有感于"山窝里飞出金凤凰"而创办金凤凰创业团队，到借鉴"种下梧桐树引得凤凰来"而创办梧桐社，是循环，也是一种平衡。而这个时间也是十年，十年弹指一挥间，我在不断地充实自己、吸收能量，不断地"向宇宙下着订单"。我相信当梧桐构筑好的时候，自然能够引得无数凤凰来，我也期望越来越多的有识之士和志同道合者通过这本书让我们彼此能够搭上线、建立连接，为彼此的梦想，更为"中国梦"的践行而努力。此时，奋斗不孤单，梦想终实现！

鸣　谢

本书能顺利出版，得益于很多朋友的默默付出。在构思和写作的过程中，很多朋友提供了宝贵的意见和建议，在这里一并感谢支持我的每一位朋友。他们分别是：

成智营销创始人、锋行视觉投资人　成智大兵

著名易经实战专家、中国国学研究院院务委员　甄书恒

湖南思趣电商董事长、亚太互联网学院院长　林彭思祥

壹迈集团总裁、品牌布道人　郑智仁

炊烟时代餐饮连锁集团董事长　戴　宗

中国清货微商培训第一人、SOS 商学院院长　丽　塔

中国微创业联合体培训咨询委员会执行秘书长　苏秀敏

乐细胞资源策划机构负责人、甘蔗影视合伙人　龚晓乐

铭智方舟创办人，湖南培训师联合会发起人　罗梦先

中国学前教育科学研究院副院长　练集财

绿草地餐饮连锁创始人　吴东明

中国商业经济学会众筹架构师　梁龙飞

湖南社区惠电商管理有限公司董事长　郭冠军

广州善利简文化传播有限公司总经理　宁　静

女性曲线专家、柔漾品牌总经理　龚晓娇

著名青年企业家、互联网商业模式专家　马千程

哈尔滨热电有限公司心理咨询师　李　欣

微商教父、微远商学院创始人　王双雄

湖南云速时代软件技术有限公司 CEO　田茂龙

微网红、梧桐社联合发起人　王　娟

湖南极好投资管理有限公司总经理　伍　缤

智库邦创始人、中国百强讲师　杨迪超

湖南云境环境科技有限公司董事长　唐继成

创客头条品牌公关总监　李庭林

隆升海鲜创始人　陈　静

村落大学创办者兼总架构师　李向平

湖南女子学院校报编辑　刘遵仁

高级会计师、长沙吉祥财务科技董事长　宾　冰

麦德湘品牌发起人、湖南益爱电子商务有限公司总经理　王先明

联邦汇创始人、万企圆桌谈判专家俱乐部发起人　张　松

上海突唯阿总裁、中铭智合伙人　李都乐

养心殿大健康产业有限公司四川负责人　杨　岚

特别感谢以上各位的信任与支持，同时也要感谢在我成长路上的每一位有缘人，以及所有购买此书的读者朋友们，我愿与你们一同携手，创造更加美好的明天！